『21世紀の市民講座』No. 6

今なぜ権利擁護か

―ネットワークの重要性―

高野 範城
(弁護士)

新村 繁文
(福島大学行政政策学類教授)

公人の友社

目次

目　次

〔序言〕

「福祉」のパラダイム転換と権利擁護

新村　繁文
（福島大学行政政策学類教授）

1　日本には一度たりとも「福祉国家」は成立していない

企業依存型福祉（戦後〜一九八〇年代）

これまでのところ、日本には一度たりとも「福祉国家」は成立していない。戦後直後は、たしかに高福祉国家をめざした時期があったかもしれない。しかし、戦後復興のかけ声の下に、政府・民間を問わず、企業活動を中心とした成長戦略を一目散に駆け抜けていった。景気変動の波にもまれながら、一九八〇年代までは、政府による公共投資をよりどころに、国内企業の成長拡大路線が一定程度功を奏し、国民の生活水準・福利厚生面での水準も向上していった。しかし、それを実質的に支えたのは、じつは、政府による社会保障・社会福祉政策ではなく、むしろ、大企業を中心とした企業内の手厚い福利厚生施策であった。企業は従業員に対して、その家族も丸抱えで福利厚生面でのレベルアップを競った。そうした社会構造を支えていたのが、年功序列、終身雇用、家族賃金といった日本型企業社会の諸原理であった。

他面、こうした企業中心の年功序列、終身雇用、家族賃金、福利厚生面での充実を基礎とする「企業依存型福祉体制」を前提に、政府は、公共投資をほとんど唯一の手段として、ひたすら企業活動の保護育成策、成長持続政策（景気対策）をとってさえいればよかった（「大きな政府」＝ケインズ型土建国家ともいわれる）。企業活動・経済成長を保障するような経済財政政策を採り続けることにより、企業内福利厚生の恩恵を受けた従業員たる国民は、それなりに将来への安心感を得ることができていたのである。つまり、政府としては、「企業依存型福祉体制」の充実に依存して企業活動の活性化を図ることに終始し、本来果たすべき公的責任としての社会保障・社会福祉面での計画的・体系的な施策の展開を怠ってきたのである。そして、こうした政府の社会保障政策は、司法によっても支持され、憲法二十五条の「生存権」は、戦後直後の経済的破綻状態から完全に立ち直った八〇年代に至っても、まだ依然として「プログラム規定」であり、「具体的な権利ではない」としての位置づけを与えられたままであった。こうした国家権力総体の総合的な政策展開の結果として、一九八〇年代までの日本においては、政府の公的責任による「福祉国家」はついに成立することなく、もっぱら「企業依存型福祉」国家といえるような状況が継続することになったのである。

「空白」の一〇年（一九九〇年代）

ところが、こうした戦後日本の経済財政政策は、一九九〇年代にはいって根本的な改変を迫られることになった。そうしたドラスティックな変化への引き金を引いたのが、金融資本を中心とした資本のグローバリズムの進展であり、多国籍企業、巨大なグローバル企業の出現であった。金融市場をはじめとするあらゆる市場の自由化を求めるアメリカを中心とする外圧により、企業の市場活動における自由化が一挙に進み、それとともにグローバル企業の日本市場への参入が促進された。そうした市場開放・規制緩和の荒波を受けた日本企業は、それまでの企業経営上のコストの削減を徹底的に迫られることになった。真っ先に削減の対象となったのは、それまでの日本型「企業依存型福祉体制」を支えていた福利厚生面の諸施策であった。同時に人件費の抑制にも努め、規制緩和の手を労働法制上にも及ぼそうという動きが、財界筋を中心に顕著になった。グローバル企業としての生き残りを図ろうとする大企業をさきがけとして、企業社会は一気にコスト削減・リストラに走った。それに一応成功した企業は、グローバル化した市場経済の荒海にうまく乗り出していくことができた。その反面、企業社会がコスト削減を図った結果、従来の「企業依存型福祉体制」はその様相を一変し、終身雇用・年功序列・家族賃金制は影を潜め、手厚い福利厚生も一気に削減された。こうして、市民は、「企業依存型福祉体制」の恩恵への期待可能性をすっかり奪われ、他方できわめて貧困な公的福祉体制しか存在しないため、持てる者と持たざる者との格差は、目に見えて拡大し、貧困層の存在が顕在化しはじめた。

他方で、構造改革への（財界やアメリカなどからの）「外圧」を受けつつも、九〇年代の日本の政治状況は、長期政権にあった自民党の構造的弱体化と新たな政治改革の動向を受けて、短期政権の浮沈が繰り返され混乱を極めた（グローバル化への迅速かつ的確な対応がなされなかったことを指して、経済政策の観点から「空白の一〇年」と呼んだりする）。しかし、政治的・政策的には停滞していたようにみえるこの時代に、グローバル経済への対応策は、担当省庁の審議会等の報告書を通じて、政治、経済、財政、金融、社会保障、教育等、あらゆる場面で企画・立案され、全面的かつ強力な実行を待つばかりになっていった。そうした総合的な「改革」の動向が、いわゆる「構造改革」であった。

新自由主義的構造改革（二〇〇〇年代）

そして、この場合の「構造改革」は、一九八〇年代の英米における新自由主義的構造改革の（うわべの）成功を受けて、中曽根内閣が積極的に活用した第二臨調路線以降、「新自由主義的構造改革」の傾向をいっそう強めることになる。新自由主義的構造改革は、なによりも「小さな政府」を標榜する。そして、政府による市場への干渉を極力制限しようとする。「政府の失敗」よりは「市場の失敗」のほうが被害が少ないとみるのである。市場の原理による修復力を信頼するのである。その結果が市場原理主義であり、徹底した規制緩和政策である。このような基本的な観点からは、政府による干渉・介入をその基本とし「大きな政府」を前提とする「福祉国家」などというものは、あり得べからざる政策上の選択肢ということになる。かくして、新自由主義的構造改革路線は、「福祉国家」を理論的にも実践的にも敵視することになる。

九〇年代を通じて、理論的に準備され、かつ細川内閣で導入が試みられ、橋本内閣で着手された新自由主義的「構造改革」は、二〇〇〇年代にはいって、小泉内閣の手によって一気に開花し、完成段階まで上り詰めていった。そこでは、自己決定・自己責任原理が強調され、社会福祉の世界に至るまで市場原理化され、そのために、あらゆる場面に規制緩和が浸透するに至った。たとえば、労働法制における規制緩和は、派遣労働市場を生み出し、労働者を売り買いする一群の企業を生んだ。さらに、大量の派遣労働者を創出し、そこにパラサイトとしての「貧困産業」をも生み出すこととなった。規制を緩和し、自由市場領域を拡大し、市場原理主義をとり、民間活力を広範に導入する。そのうえで、自己決定・自己責任原理を強調することによって、企業活動は、必要かつ適正な限度を超えて自由化され、他方で労働者は、戦後日本が経験したことがないほどのセーフティネット崩壊状況に見舞われることになった。格差の拡大、貧困の深化・拡大は、もはや隠しようもない現実となったのである。これが、新自由主義的「構造改革」の厳然たる結果である。

こうして九〇年代以降、とりわけ二〇〇〇年代にはいって、日本の「福祉国家」は、それまでの「企業依存型福祉体制」の自壊と「公的福祉国家」の不在に加えて、新自由主義的「構造改革」路線の選択によって、かりにそれが存在していたとしても、完全に息の根を止められてしまったといってよい。これが、戦後日本に「福祉国家」は成立しなかったという言説の内容である。

このような状況の下に置かれた、高齢者や障がい者などいわゆる「社会的弱者」が、福祉サービスの利用者としてその「購入者」の立場に置かれた場合、お金を持っていさえすれば望むだけの福祉サービスを享受できるが、逆に「持たざる者」は、支払える範囲の福祉サービスを利用できるにとどまり、福祉サービス利用を抑制せざるを得ない状況に追い込まれる。かくして、本来まずもって福祉の対象者であるべき「持たざる者」は、「持てる者」とくらべて、福祉サービス利用ないし福祉へのアクセスという面で圧倒的な格差の下に置かれることになる。こうした意味において、彼らには、その生活・生存を確保し、自立した社会生活を維持していくためにも、「権利擁護」のための支援が必要不可欠だということになる。

2　福祉の世界における「構造改革」と権利擁護

社会福祉基礎構造改革

福祉の世界における「構造改革」に目を転じてみよう。

九〇年代以降の、政府系の各審議会・研究会から出された一連の報告書の中で提唱されたのが、福祉の世界における「構造改革」、すなわち「社会福祉基礎構造改革」であった。「社会福祉基礎構造改革」は、改革の理念として、自己責任・自助努力、社会連帯に基づく支援、自立支援等を掲げる。そして、改革の基本的方向として、契約に基づく福祉サービス提供制度の導入を前提に、サービスの利用者・提供者間の対等な関係の確立、多様なサービス提供主体の参入促進、市場原理の活用によるサービスの質および効率性の向上、公平・公正な負担、自助・共助・公助を通じた地域独自の福祉文化の創造等をめざそうとする。このように、自己決定・自己責任・自助努力の強調や、多様な事業者の参入促進、市場原理の活用の強調など、「社会福祉基礎構造改革」が、一連の新自由主義的構造改革の流れのなかに位置づけられていることは明確である。一連の新自由主義的構造改革と同様に「社会福祉基礎構造改革」も、社会福祉財源の圧縮（「小さな政府」）をめざしていることに間違いはない。

そして、そうした「改革」の理念や方向性をたしかなものとする欠くべからざる方策として、従来の「措置型福祉」に変えて「契約型福祉」へのパラダイム転換を持ち込んだのである。措置型福祉であれば、措置の主体である政府が金も手も出さなくてはならない。だが、契約型福祉であれば、福祉サービス利用上の問題は、基本的には、契約の両当事者間の契約に基づいて解決されることになる。そこに、政府の介入する余地はない。金も手も出さずに済ますことができる。そして、契約型福祉へとパラダイム転換するために、契約の相手方となるべき福祉サービス提供事業者を十分に確保する必要が生じる。つまり、福祉の分野に従来の社会福祉法人だけでなく、より幅広い事業者を参入させる必要が生まれる。そのためには、福祉の分野で、「商売」が成り立つ素地を作り出さなければならない。そもそも福祉を「サービス」として「商品」化しなければ、契約によりそれを「売り買い」することはできない。したがって、契約型福祉に転換するためには、論理必然的に、福祉分野を「自由市場」化することによって多数・多様な事業者に参入してもらい、「商品」化した「福祉サービス」を「契約」により「売り買い」できる状況を作り出す必要がある。そして、そのためには、「規制緩和」が必要不可欠になる。規制を緩和したうえで、「民間活力の導入」(官から民へ)が強調される。また、「福祉」を「サービス」として構成し、「売り買い」の対象とすることにより、受益者負担(応益負担)の考え方に必然的に移行することにもなる。こうして、福祉分野が市場原理・資本の論理により席巻されることになる。そして、福祉サービス利用契約の一方当事者である福祉サービス利用者に対しては、「権利性」と「選択権」の保障というキャッチフレーズがことさらに説かれるのであるが、他方で、自己決定・自己責任を強調することで、発生しうる福祉サービス利用上の諸問題について、その負担を契約当事者である利用者に負わせようとするのである。

このようにして、金も手も出さない「小さな政府」が実現されることになる。そこでは、生存権の実現、その内容の充実といった憲法二十五条に基づく政府の「公的責任」は、まったく議論の俎上に乗らないことになる。社会福祉基礎構造改革の議論は、このような形で推進されてきたのである。

「社会的弱者」の「権利擁護」のための支援が必要不可欠な理由

しかし、こうした「社会福祉基礎構造改革」においては、以下のようないくつかの理由から、福祉サービス利用者等の「社会的弱者」の「権利擁護」のための支援が必要不可欠なのである。

第一に、「社会福祉基礎構造改革」ないし「契約型福祉」の導入にあたって政府は、行政処分の「反射的利益」としてしか福祉サービスの提供を受けられなかった措置の時代とくらべて、「契約型福祉」の下では、利用者は「契約」の一方当事者として位置づけられ、「契約」に基づく「権利」を保障されるようになった。また、契約の一方当事者として、福祉サービス利用者はサービス提供事業者と対等の立場に立ち、(契約締結に関して)自己決定権が保障される、と強調した。

しかし、ここで強調される「権利」(権利性)は、あくまでも契約に基づくそれであり、契約上の権利・義務関係がいわれているに過ぎない。それは、契約締結により発生するものであり、契約を締結してはじめて問題にすることができるものであるにとどまる。

ところが、契約締結をしているか否かにかかわらず、一定の要件を満たしている人には、社会保障上・社会福祉上の措置を講じなければならない公的責任が政府には存在するはずであり、われわれは、そうした措置を求める権利を、究極的には憲法二十五条により保障されているはずである。この意味において、福祉サービス利用者の「権利」を福祉サービス利用契約上の権利に矮小化した説明には、問題があるといわざるを得ない。

また、福祉サービス利用契約当事者の「対等性」についても、福祉サービス利用者のなかには、判断能力が不十分または欠如していて契約するのが困難な人も少なくないという現実をみれば、そうした説明がいかに実態から遊離しているかということは、明瞭である。こうして、ここでも「権利擁護」のための支援が必要不可欠だということができる。

第二に、「契約型福祉」の導入にあたり政府は、福祉サービス利用者には、契約の前提として、提供されるサービスのなかから自らのニーズに合致したものを自由に選択して契約する権利が保障されるものと説いた。

しかし、こうした説明には二つの問題がある。

ひとつは、選択権が保障されたというためには十分な選択肢と情報の存在が保障されていなくてはならないが、人的にも物的にも十分な福祉資源がない過疎地域などにあっては、サービス提供事業者もサービスメニューも限られているといった場合も珍しくはない。こうした地域では、「選択」しようにもその余地がまったくなく、提供されるわずかなメニューから自分のニーズに合うサービスを選択せざるを得ず、逆にサービスにニーズのほうを適合させざるを得ないという事態すら生じよう。

もうひとつは、「逆選別」の問題である。契約当事者間の「対等性」ということは、契約制度というものの前提であることに間違いはない。そして「対等」であるが故に、「選択権」についても、福祉サービス利用者・提供事業者の両当事者に「対等」に保障されるはずである。利用者が、自分のニーズに合致したサービスや、サービス提供事業者ですら選択できるように、サービス提供事業者も、その都合に合致したサービス利用者を「選択」する「権利」も保障されることになる。事業者は、(規制をかけなければ)できるだけ人手と経費のかからない利用者を選別して福祉サービス利用契約を締結しようとするだろう。

こうして、ここでも、福祉サービス利用に際しての、利用者の権利を擁護する支援者の存在が不可欠だということになる。

第三に、政府は、福祉サービス利用者の選択権・自己決定権を保障することにより、サービス提供事業者は、消費者としての福祉サービス利用者の厳しい目にさらされることになり、その結果、提供されるサービスの質の改善・向上がもたらされる、と主張していた。

はたして、そうだろうか。既述したように、社会福祉基礎構造改革は、福祉の世界の自由市場化・福祉サービスの商品化を通じて、そこに市場原理主義および資本の論理を貫徹させた。たしかに市場化すれば、はじめのうちは、サービスの質の向上も価格の低廉化も生じようが、それはほんの一時のことに過ぎない。自由市場化と資本の論理の貫徹により、提供される商品は採算性の高いものに集中するだろう。また、一定の時間的経過の後には(小資本ながら)良心的な事業者は淘汰され、採算性・効率性を優先する大資本事業者により寡占体制が構築される結果、サービスの種類や内容が画一化し、利用者は、むしろ多様なニーズを数少ないサービスに合わせなければならない状況が生じよう。

他方で、福祉の世界の自由市場化と多様な事業主体の参入の促進を図るために、福祉労働における規制緩和や賃金規制の緩和が推進される結果、非正規職員が多用され、常勤職員への職能給制が適用されることによって、専任職員の給与水準が非正規職員のそれに引きずられ、従来からかならずしも高いとはいえなかった福祉労働における賃金水準がいっそう低廉化する。その結果、人材が集まらなくなるうえ、人手不足から長時間・過重な労働、低賃金、重い責任を強いられることになり、当然労働環境は劣悪化する。そうした福祉労働の状況は、提供される福祉サービスの質に反映されざるを得ない。

さらに、規制緩和は業務のアウトソーシング制限の緩和にも及ぶ。経営の合理化・効率化を求められた福祉サービス提供事業者は、不採算部門や効率性のよくない業務をアウトソーシングして経営効率を上げようとする。アウトソーシングすることにより、たしかに経営効率は改善されようが、しかし、そこで提供されるサービスは、事業委託料の縮減を厳しく求められたアウトソーシング先の「経営努力」により、いっそう低水準化する方向をたどることになる。

このように、福祉の世界の自由市場化を前提とする（あるいは、そのための）選択権・自己決定権保障は、けっしてサービスの質を向上させる方向に寄与することはなく、全体として福祉サービスの質の低水準化・粗悪化をもたらすことになろう。こうして、この観点からも福祉サービス利用者の「権利擁護」は必要不可欠だということが分かる。

第四に、市場化した福祉の世界での「契約型福祉」への移行と「応益負担」への切り替えによって、福祉サービスの「購入者」としての立場に置かれた福祉サービス利用者は、「持てる者」であれば望むだけの福祉サービスを享受できるが、「持たざる者」は、支払える範囲の福祉サービスを利用できるにとどまり、福祉サービス利用を抑制せざるを得ない。しかも、「契約型福祉」を原則とする政府は、措置することを抑制しようとするから、結果的に、福祉へのアクセスという点で、「持たざる者」と「持てる者」との間には著しい格差が生じることになる。そのうえ、福祉サービスの多様化を名目として、基本サービス部分を縮小しつつ横出し・上乗せ部分を完全商品化するという、いわば公私二階建てのサービス構造をとったため、利用料を負担できない「持たざる者」は、基本サービス部分の利用すら生計維持のために抑制せざるを得ない状況に追い込まれるのに対し、「持てる者」は、「横出し」部分であろうと「上乗せ」部分であろうと、自己のニーズに適合した多様なサービス「商品」を買うことができることになる。

このような福祉アクセスにおける格差は、本来あってはならないはずのものであり、福祉ニーズを持つ「持たざる者」に対する福祉的支援は必要不可欠なのである。

第五に、以上のような「社会福祉基礎構造改革」の結果としての状況に由来する「権利擁護」の必要性とは別に、理論上ないし論理的な必要性を指摘することもできよう。

いま、福祉の世界では、自己決定権の尊重がうたわれ、自己決定能力が十分ではない人についても、その「残存自己決定能力」の尊重ということが強調される。このこと自体はきわめて妥当なことであるにしても、しかし、「残存自己決定能力」を尊重してその決定のままに委ねてしまうならば、判断が行き届かなかったが故に、当の本人に思わぬ不利益が及びかねないといった事態も容易に想像しうるところである。そうした場合には、支援者は、予想される不利益ないし危険を回避するため、本人のした「自己決定」に干渉・介入し、それを本人の利益を護る方向に是正しなければならないこともいうまでもない。このように、判断能力が十分でなくなった人に対しては、その「残存自己決定能力」を適切な形で十分に尊重するために、自己決定を補完するという意味でのパターナリスティックな（介入としての）権利擁護が、理論的に必要不可欠だといえよう。

さらに、「契約型福祉」に由来する権利擁護の必要不可欠性がある。「契約型福祉」は、契約の両当事者（福祉サービス利用者とサービス提供事業者）間の対等性を前提とする。ところが、福祉サービス利用者のなかには、判断能力が不十分または欠如していて、自力では契約を取り交わせない人も少なくないのが現実である。一方当事者としての判断能力の不十分な利用者が、他方当事者としての、資本の論理に則って福祉サービス事業を展開するサービス提供事業者と、対等の立場に立っていないことは明白である。また、かりに判断能力に不十分さはないにせよ、自分のニーズとそれに適応する福祉サービスの選択や提供される福祉サービス自体についての情報が十分でなかったり、身体的なハンディキャップから、自分だけでは、契約時の手続に困難がある場合も少なくない。こうした場合にも、福祉サービス利用者と事業者とは、契約当事者として実質的に対等とはいえないだろう。

こうした場合には、契約当事者間の対等性を実質的に確保するために、とりわけ権利擁護面での支援が必要不可欠であろう。「契約型福祉」は、その構想の本質的部分において「権利擁護」を論理必然的な前提としているといってよいのである。

以上のようないくつかの理由から、福祉サービス利用者を中心として「社会的弱者」への「権利擁護」支援は、必要不可欠であることが分かるが、それは、たとえば法律関係者や福祉関係者がそれぞれ単独で行うよりも、他職種・多職種間のネットワークを構築して行うことがいっそう効果的であることはいうまでもない。そうしたことから、最近、各地で多様な「権利擁護」ネットワークが構築され、それがたとえば成年後見制度の利用促進などに関してきわめて重要な役割を演じ始めていることが知られている。

このような、福祉サービス利用者をはじめとするいわゆる「社会的弱者」の「権利擁護」の必要不可欠性、そして、それを支えるネットワークの重要性といった観点から、二〇〇八年十二月六日、高野範城先生に、ご自分の体験を交えた説得的なご講演をいただいた。知らず知らずのうちに引き込まれてしまう熱のこもった魅力的な語り口で、われわれ聴衆には、一時間半という時間はあっと言う間に過ぎてしまい、もっと時間があればという思いを強く残したご講演であった。

本書は、そのときの高野先生のご講演と、その後行われたシンポジウムにおける、先生のコメントをまとめ、活字化したものである。いずれの部分においても、高野先生は、上述した「社会的弱者」の「権利擁護」の必要性について、実例を交えながらきわめてわかり易く、縦横に語られている。

なお、高野先生のご講演は、文科省の「社会人の学び直しニーズ対応教育推進プログラム」の委託事業として行われた、福島大学の「高齢社会における弱者の権利と生活を護る担い手育成プログラム」の二〇〇八年度のプログラムの一環として企画されたシンポジウム「権利擁護ネットワークへの期待と課題」の基調講演として行われたものである。

〔基調講演〕

「社会的弱者」の権利擁護とネットワークの不可欠性

高野　範城（弁護士）

紹介いただきました、弁護士の高野です。

先ほど話がありましたように、一九七〇年（昭和四十五年）から今年で三十八年間、弁護士をやっています。この間、高齢者、障がい者の裁判や事件、それから子どもの体罰やいじめに関係する事件等々にかかわったりもしています。私が言うのも変ですけれども、日本で最も高齢者、障がい者の裁判、事件にかかわってきた弁護士の一人ではないかと思っています。

古い事件でいいますと、昭和五十七年七月七日に最高裁の大法廷で判決がありました「堀木訴訟」という障害福祉年金と児童扶養手当の請求をめぐる事件、それから最近の事件でいえば、昨年の九月二十八日、最高裁で判決がありました「学生無年金障がい者」の裁判などにもかかわっております。

そういう裁判をやりながら、他方では特別養護老人ホームの施設の理事長や理事、知的障がい児あるいは障がい者の施設の理事長や理事をやったり、どこの地域でもあると思いますけれども、社会福祉協議会の理事や子どもの保育園の顧問や監事をやったり、苦情解決の第三者委員という制度の担当もやったりしております。

きょうの話は、私のそういう経験に基づきまして幾つかの問題点を述べさせていただきたいと思います。

1　今なぜ権利擁護か

(1)　措置から契約への転換

最初に、「今なぜ権利擁護か」ということについて幾つかの観点から述べてみたいと思います。権利擁護ということが騒がれるに至ったのは、平成十二年の介護保険法が実施されてからです。その前に、厚労省の方では「社会福祉基礎構造改革」ということをずっと言ってきました。従来のような「措置」制度をやめて、「契約」にしていくのだということを言っていました。一九九七年の十二月に介護保険法が成立しまして、二〇〇〇年の四月から介護保険法が実施された。介護保険法が実施されたというのは、従来の「措置」から「契約」になったという意味で、事業主と利用者が対等の立場でもって臨めるという意味では、私は一定の進歩があったと思うのです。

しかし、特に高齢者の施設を利用する人たちについていえば、判断能力のない人たちが契約を結ぶということでいえば、やっぱり問題が出てきた。つまり、契約を結ぶというのは、申込と承諾があって、それで当事者に判断能力があるということが前提ですから、判断能力のない人、今でいえば認知症の人、知的障がい者の人たちについて、この契約のメリット、デメリットを及ぼすということは事実上問題がある。それに伴って、結局は「成年後見制度」を用いるに至ったというのが一つあるだろうと思います。

もう一つ、契約のメリットについて、厚労省のほうで自己責任あるいは自己決定という事を一生懸命、言ってきたということがあります。自分の判断でもって介護サービス契約を選択し、利用することができるのだ。どのサービスがいいかは、これまでの措置の時代のようにお仕着せられなくて、自分で選びなさい。そういう意味では格段の進歩だ。こういうふうに言っていたのです。けれども、それも選択するのも自己責任だということですから、これはやっぱりちょっとつらい立場に立つことになる人が出てきたということになろうかと思います。

「自己責任」なり「自己決定」という問題とセットになって、本人の「利用者負担」ということが出てきました。例えば介護保険法についていうと、保険料が一ケ月五〇〇〇円ぐらい取られて、さらにまた契約を結んだ後に利用者一割負担ということが出てくることになった。従来、措置の時代だったらば、市町村なりが介護サービスに責任を持っていたのが、今度の場合は介護サービスの当事者から市町村が脱落してしまった。ということになってくると、行政の公的責任を後退させたのではないか、こういう指摘がなされるようになりました。

ご案内のように、憲法二十五条というのは、「すべて国民は、健康で文化的な最低限度の生活を営む権利を有する。」という、「すべて国民は」という中に高齢者も子どもも障がい者も含めて、「すべて国民は」ということで、健康で文化的な生活を営む権利を有するということですから、公的責任と公的費用負担が明確だったにもかかわらず、介護保険になってからは公的責任と公的費用負担の部分が後退したのではないかというふうに言われるようになってきたということがあります。この公的責任の後退に伴って、権利擁護ということが盛んに言われるようになってきたということです。

(2) 権利擁護の不明確性

それでは、権利擁護とは何を指すのか。だれのどんな権利を擁護するのかということがはっきりしているのかといったらば、これが全くはっきりしていない。法律上、全くこれが決まっていないということになるわけです。

例えば、権利の面を明確にしたという介護保険法一つとっても、介護保険法の本文の中身に、利用者にどんな権利があるかということははっきり書かれていないわけです。三〇〇に及ぶ政省令の中でいろんなことを書いていますけれども、ずっと調査していくと、ほとんどが努力義務に近いようなものが多くなってきていることからしても、結局は利用者の権利は、法律上の権利ではなくて契約上の権利だということになっている。だから、契約を結ばなければその権利義務は生まれない。先ほど言いましたように、保険料を払えない人、一割負担をできない人たちは契約を結べませんから、そうすると契約上の権利行使さえもできない状態になってくる。やっぱりそこに一つ問題があったのだろうと思います。

さらにまた、「措置」から「契約」への転換の中で、それこそ小泉内閣のもとで盛んにそれが言われたわけですけれども、市場社会の論理ということ、競争ということを盛んに言っていました。今まで福祉の世界というのは競争がなくて、年がら年じゅう、極端に言えば温室のような状態だった。そこに言うならば刺激を与えて競争を与えていくのだ、こういうことを、言うならば当時の為政者の方々が言っていたわけですけれども、結論からいえば、確かに競争は出てきた、民間の事業者がいっぱい入りました。株式会社の人も入りましたし、NPOも入りましたし、有限会社の人たちもいっぱい入りました。そういう意味では、事業者はふえたかもしれない。しかし、「悪貨が良貨を駆逐する」という言葉があるように、結局、質の悪い事業者がいっぱい出てきたということが挙げられます。

新聞で言われている例でいえば、例えば「コムスン」という会社についても、その親会社がどういう会社だったかがおわかりだと思うのです。「コムスン」の事業主になる前までは、今はもう余り話題にはなりませんけれども、昔はお台場でもって踊ったりなんかする所の事業主だったわけです。それが福祉の世界に登場してくる。いうならば、福祉はもうかるということで入ってきた事業主だったのです。それがやっぱり、後になって多くの問題を起こしてきたということがあります。

それから、お金のない人たちが、とりわけお金のない高齢者、障がい者の人たちは市場社会のもとでは置き去りにされてきたということがあります。

二〇〇〇年の三月から四月にかけて、私自身、一五〇人の利用者を擁する特別養護老人ホームの理事長をやっていましたが、三月から四月にかけて、では国が言うような形で本当に「自己責任」や「自己決定」ができて、利用者の権利も擁護されるような形になってきたのかといったら、一ケ月、三ケ月、四ケ月、五ケ月、一年見てもちっとも何も変わらなかったということがあります。それは、政策は変わったかもしれないけれども、現場の職員の対応としては全く変わっていなかったということがあります。

当時、私が理事長をやっているときは、ホームの利用者の多くは、年収が一〇〇万円以下の人たちが大体七割ぐらいでした。ところが、あれから八年たったら、一〇〇万円以下の人たちは余りいなくなりました。率直に言って、どこへいってしまったのだろうという感じをもっております。つまり、一割負担ができない人たちは、どんどん利用できない状態になってきている。ご承知のように、二、三年前の法律改正では、ホテルコストということで食事代その他も有料になってきているということですから、一ケ月に七万から八万ぐらいのお金がないと利用できなくなるわけです。

そうすると、一ケ月七万円か八万円ということでいったらば、老齢基礎年金というのは約六万七〇〇〇円です。私どもは自由業で国民年金ですから、老齢基礎年金しかもらえないのです。この前、私も社会保険庁に行って、幾らもらえるかと聞いてきましたら、五万五〇〇〇円ぐらいだと、こう言っていました。でも、私も特別養護老人ホームに入りたい、こういうふうになりますよね。そうすると料金を払えない。普通の生活は年金でできない状態に追い込まれてきている、低所得の人たちはとりわけ困難な生活を余儀なくさせられる、こういう実態があります。

他方では、判断能力のない人たちは、この契約がいいのかどうかもわからない、この施設がいいのかどうかもわからない、この介護サービスがいいのかどうかもわからないのです。ということになってくれば、それを代弁する人たちが必要になってくる。これが「成年後見人」であり、「オンブズマン」という制度になっていきます。

さらにまた、私ども、ここ一〇年ぐらい見ていると、どんどん高齢者が置き去りにされてきているという感じを持ちます。皆さんはどういうふうに思っているかしれませんけれども、この一〇年間とりわけ四年の間に三つの法律ができています。それは、児童虐待の法律であり、ＤＶ法であり、それから高齢者虐待に関する法律。わずか四年間で虐待に関する法律が三つもできたのですよ。それだけ社会がすさまじいテンポで悪くなっている、こういうことです。とすれば、ますます、高齢者の権利擁護の必要性が出てきたということになります。

(3) 市場原理社会で

福祉の世界の「権利擁護」だけではなくて、例えば二、三年前に埼玉県の方でありました「リフォーム詐欺」みたいなのが出てくる。認知症の高齢者のところに行って、次から次とお金を巻き上げるという「次々詐欺」と言われるようなことが平気で行われている。そういう意味での消費者被害もどんどん出ている。一体、日本人はどうなっているのか。人を殴る、ける、性的虐待はする、金は巻き上げる、こういうでたらめな事柄がこの一〇年ぐらいの間にぱあっと出てきたと思うのです。これが率直に言えば、市場社会の病理だったのだろうと思うのです。

もうける人は、アメリカを見ても物すごくもうけているのです。何十億円という給料をもらっていますよね。それでいて、その会社が立ち行かなくなると、今度は、助けてくれないなんてとんでもないという。自動車会社の人が会社を救済しないと失業者が増えるという偉そうなことを言っていますけれども、それでいて自家用機でもってビューンとワシントンに乗りこんでくる。巨額の金が一方では出て、それでいて他方では、日本社会もそうですけれども、あしたの米に困るような人が今いっぱい出てきているという現象があります。新宿を見ても、銀座を見ても、ホームレスの人たちがいっぱいあふれるような現象が出てきた。帰るに帰れない、田舎に帰れない人たちがいっぱい出てきているということ。これをどう考えたらいいのかが一つ問題になってくるのだろうと思います。

2　権利擁護とは何か

(1)　権利擁護とは高齢者・障がい者の人権を護ること

先ほど言いましたように、「権利擁護」とは何かという法律の明文がありません。法律の明文がありませんけれども、「権利擁護」は一言で言えば、「高齢者、障がい者の生命、身体の自由、人権を守る」ことです。それが権利擁護の一つの大きな特色であると思います。

私のおふくろも、もう四、五年前に、九十三歳で亡くなりましたけれども、九十三歳で亡くなったというのは最近珍しいことではない。とにかく、今、ご承知のように、年末を控えて喪中のはがきがいっぱい来ていますが、とにかく死んだ人が九十八とか、この前一〇六歳というのも来ましたけれども、それほど長生きするようになってきたのです。私が弁護士になったころは、八〇歳で天寿を全うしましたという喪中のはがきが来ましたけれども、今、八〇歳で天寿を全うしたというはがきは来ませんね。みんな九〇歳から一〇〇歳です。きょうも新聞で、加藤周一さんの死が報じられています。八十九歳です。ということでいえば、もう九〇歳まで生きるというのは当たり前の世界なのですね。つい一〇年前までは人生八〇年代と言っていたけれども、だれでもが八〇歳まで生きられる、今や人生九〇年代ということになってきているということなのです。

ＮＨＫの日曜日、朝六時ぐらいからやっている「百歳バンザイ！」とかいう番組があります。早起きでない人は見たことないかもしれませんけれども。それで、ひどいというのか、普通というのかよくわかりませんけれども、一〇〇歳でもって自動車に乗ったり、自転車に乗っている人がいっぱいいるのです。そういう人たちを見ると、専門家集団がいると言われている特別養護老人ホームに親を預けた、それで、その専門家集団による施設に預けたらば、八十五歳でもって親が死んでしまったということになったら、一〇〇歳で元気な人がいるのに、これは一体どういうことだと、こうなりますよね。施設に対して、当然のことながら責任追及することになりますよね。「うちのおふくろだって、元気だったらば一〇〇歳まで生きられたのに、自転車に乗れたのに、何で八十五歳で死ぬのだ、それが専門家集団のいる施設のやることか」、こういうふうになりますよね。そういう意味での介護事業者に対する責任追及、これも「措置」から「契約」への転換に伴ってのことなのです。

従来、措置の時代は、お世話をしているということだったから、お世話されてる身でもって余り強いことを言うのはとんでもない話だと思っていましたけれども、今度はお金を払っているのですから、もしも事故があったらば、事業主は契約上の義務を履行しないのだということで損害賠償請求するということになりますよね。そういう意味でいうと、時代はどんどん変わってきているということになります。

一方では、もう一〇〇歳まで生きるのが当たり前だという時代になってきた。八〇歳とか八十五歳ではとても満足しない、みんながそんな気持ちになってきているということなのです。そうすると、八十五歳なり一〇〇歳までの人生をどうやって充実して過ごしていくのか。人生の最後のステージをどうやって満足させていくのかということが大切になってきているのだろうと思うのです。

私のおふくろも、九十三歳で死にましたが、九〇歳ぐらいになったら大変でした。毎日毎日お世話だとか、痴ほうで毎日毎日同じことをしゃべるという状態になってきましたから、兄弟七人、みんなでもって相談して、やむを得ず特別養護老人ホームに入りました。

おふくろにすると、私は北海道の留萌町ということで、それもまた片田舎のほうに、今人口五〇〇〇人の小さな町なのですけれども、その小さな町から七人の子どもたち、みんな次から次と東京の大学に行かせてきて、一生懸命稼いできたのに、一生懸命働いて大学に行かせて、それぞれ、例えば私は弁護士になり、兄貴は公認会計士になり、姉が弁護士になりという感じでもって、それぞれみんなそれなりの道を歩んできたにもかかわらず、何で私がこんな特別養護老人ホームに入れられなくてはいけないのだ、周りを見たって山火事注意と書いているではないか、こんな施設は町の中に住めるような場所ではないではないか、一体これはどうなっているのだ、親にこんな思いをさせるためにおまえらを育てたわけではないのだと、こういうふうに言われたらつらいですよね。子どもとしては本当につらい思いをしますよね。何かもうちょっと介護の面が充実して、在宅でもってやってくれればいいなというふうには思います。

だけれども、私は最後に割り切りまして、犠牲になるのは一人でいいというふうに思いましたから。七人の家族がみんな犠牲になる、それに嫁さんや子どもたち、二、三十人の人がみんな犠牲になるよりは、おふくろだけ犠牲になってもらって生きていこう思うようになりました。

しかし、おふくろが死んでから、何とまあ無残な考え方を持った、ひどい子どもだなというふうに思いました。こんなことでよかったのかなという、そういう意味でいうと、やっぱりもっともっと充実した人生の仕方というのは、ふだん、こうやってあちこちへ行って偉そうなことを言っている割には、ちっとも自分の親にしてあげられなかったというふうに一方では思ったのです。一方では、食うのに全く困ることもなかったし、衣食住だって満足させたのだし、旅行だってあちこち連れて行ったしというふうに思ったりもしますけれども、しかし、やっぱり悔いは残りますよね。特に一〇〇歳まで生きいる人を見ていれば、九十三で死んだというのは悔いが残ります。つまり、九〇歳ぐらいから急速に体力が落ちます。

そういう、高齢者の置かれた立場についてよく理解をして、介護の面だけではなくて、精神的な面も含めてケアをしてあげるというのが権利擁護だと私は思うのです。権利擁護をするためには、そういう意味では、高齢者の九〇年なり一〇〇年なり生きてきた、その歴史というのをしっかり見る必要があるのだと思うのです。三月一〇日といったら東京大空襲、八月六日といったらば広島の原爆、八月九日といったらば長崎の原爆、最近のことはちっとも覚えていないけれども、五〇年前のことはみんなおふくろたちの年の人も詳しかったのです。そういう事柄について、例えば戸籍謄本を見ながら、どこどこ、うちのおふくろなんかは北海道十勝から北海道の日本海側の私の田舎のほうへ移ってきたりなんかしている、そのまた親というのは、どういうわけかわかりませんけれども、福島県伊達郡というところから北海道に移住しているという、そういう歴史を見ると、ああ、いろんな人生を歩んできているのだなという。そういうのを見ながら、子どもを育てることに一生懸命努力してきた、子どもをそれなりに、何とか普通に心配しないで生きていけるようになってきた、そういうことを自慢に持ちながら、これから楽ができるというふうになったときに特別養護老人ホームに入ってしまった、こういうことになるわけです。

そうすると、やっぱり、親というのは好きなものを食っていたほうがよかったのではないかと、子どもを大学に行かせないで、その学費があったらば、仕送りの月に十五万あったらもっとうまいものが食えたのにというふうに思うかもしれませんよね。しかし、そう思わせないようにしてあげるということが大切なことだと私は思うのです。

そういう意味でいうと、「権利擁護」に当たる人というのは、その人の置かれた歴史とか、その人の置かれた心理状態とか、その人の置かれた感情なんかをよく知っている、人間全体についてトータルでとらえられる人たちが「権利擁護」に当たる必要があるのだろうと思うのです。成年後見人になる人だってオンブズマンだって、やっぱりそういうことについてよく知っている人でないと、悪いけれども、二十五歳か二十六歳の人が「権利擁護」に当たったというのでは、九〇歳の人の気持ちはわかりませんよ。今、年をとりまして、私、六十三歳なのです。六十三歳ですけれども、やっぱり五〇歳過ぎてから七〇歳、八〇歳、九〇歳の人たちの気持ちがわかるようになりました。自分が高齢者に近づいてきましたから、半分、片足が入るようになりましたから、そういう意味では高齢の人の気持がわかるようになりました。だから、三〇代のころは、親が腰が痛いとかけつが痛いなんていったら、怠けているのではないかというふうに思いますよね。やっぱり、ある程度親の置かれた状態がわかるような、そういう人間になるためには一定の年齢というのも必要だろう。そうすれば、「権利擁護」に当る人たちにもそういうことがある程度求められているかと思います。

高齢者虐待の防止

それから、先ほど言いました、わずか四年でもって虐待に関する法律ができる。平成十六年、高齢者虐待防止法というのができました。これは、市町村が本来的に虐待防止の責任を負っているわけです。そういう意味でいうと、虐待がどこでどういうふうに行われているかを、市町村が地域の中にネットワークの本体をつくって、市民からの通報、隣近所からの通報を受けてやっていかなくてはいけないわけです。

大体、虐待というのは在宅でやられるケースが多いわけです。もちろん、施設でもありますけれども。在宅でやられるケースの圧倒的多数というよりも中心的な部分は、息子が親を虐待するというケースです。それも、認知症の親を殴るというケースが多いわけです。子どもにすれば、親が元気な時しかわからないのです。それが高齢になって親がよろよろ動いていると、これは親が怠けているのだ、おれにだっこしてもらいたいからだ、おれにふろに入れてもらいたいからだと、こういうふうに勝手に思ってしまうのです。足が動かない、体が動かないから、けっ飛ばせば足が動くのではないかという、昔の真空管のラジオみたいな感じで、たたけば何とか反応すると思ってしまうわけです。そんなことは体が動けないのですから、親にはできっこないわけです。ところが、これができると思って、虐待を加えていく。だけれども、親にすると虐待されても子どもといるほうがまだ施設にいるよりもいいというわけです。生命、身体の危機に陥っているにもかかわらず、まだ家で過ごしたいと思っている人もいるわけです。

だから、僕ら専門家とすれば、一時期、本人の命を守るために、体を守るためには親と子を切り離さなくてはいけない、特別養護老人ホームに措置しなくてはいけないというふうになります。措置のしっ放しでいいのかといったら、そうではないわけです。素人は切り離せば高齢者の権利を擁護したというふうに思っているかもしれませんけれども、そうではないわけです。親にすれば、息子と一緒に住みたいと思っているわけです。

一時的な切り離しはしたけれども、今度は専門家である社会福祉士あるいは市町村の職員は、虐待している息子に向かって、いかに虐待が許されないか、親があなたと住むことを望んでいるから、あなたの虐待に耐えている、そういうことがどうして許されないのかということを懇々と話しをする。

もしも、あなたが今までは介護保険の適用を知らなかったら利用する、在宅の介護サービスについても、これだけのメニューがあってこれだけの金がかかる、そういうことを含めて虐待をしている当の息子を説得していく、それで本当に心から改心したら、また親と息子が一緒に住めるようにする、そこにまた公的な援助もしていくということをすることによって初めて高齢者の権利を擁護したということになるのです。

さっきのうちのおふくろのように、山火事注意みたいな特養ホームでは死にたくないと思うのです。私だって家で死にたいです。嫁さんの顔を見ながら、子どもたちの顔を見ながら、孫がいるかどうかわかりませんけれども、私もやっぱり家族のもとで畳の上で死にたいですよね。病院のベッドでは死にたくないですね。まして、チューブだらけの状態では死にたくない。とすれば、在宅ではお医者さんの力やみんなの力をかりなくてはいけないでしょう、社会福祉士の力もかりなくてはいけない、施設の人たちの力もかりながら何とかやっていけるような、そういう方策を編み出してあげるのが、私は専門家による権利擁護だと思っています。

自己決定権の尊重

それから、自己決定権の尊重ということに関していえば、これは二つあります。一つは、本人の持っている人間らしさを尊重すること、それからもう一つは、その人らしく生きることを保障してあげることです。人間らしく生きるということは、衣食住が満足させられるということ、その人らしくというのは、その人の生きてきた生き方をこれからも尊重してあげるということです。施設で住みたいというのだったらば、それもよしかもしれません。

例えば、今まで私、施設の理事長なんかやっていて、何人かの軽費老人ホームなどの利用者と会ったけれども、「ここは天国だ」と言う人も中にはいました。いろいろな施設を比べても、うちの施設は、そんなにいい施設でないのに、何でこの人は「天国だ」って言うのだと不思議に思って、その理由を、本人に聞きました。なぜかというと、今までがあまりにも悲惨な生活をしていたからなのです。三度の飯だって一回ぐらいしか食わないとか、着ている服だって三年に一ぺんしか買わないとか。それが朝昼晩、ホームで飯食えるようになって、ふろにも週に三回か四回入れるようになって、これは天国なのですよ。天国というのはどこにでもあるわけではないのだけれども、やっぱり天国なのです。

うちのおふくろだって、北海道から東京に、私のほうで引き取ったのです。そうしたらば、正月におふくろが、「いや、東京は天国だ」と言ったのです。何で天国かといったらば、北海道の日本海側ですから、一月の正月ごろだったら雪が二メートルぐらい積もっているわけです。外に布団を干したり洗濯物を干すことなんてできません。ところが、東京は外に布団を正月の元旦から干せるし、洗濯物も干せるわけでしょう。子どもたちも、凧を揚げたり、野球ができたりしているわけですね。これを天国だと思わずして何だという感じですよね。やっぱり、そういう意味でのいろんな違いがあるのだと思うのです。その人たちの生きてきた生き方を尊重する。

それから、高齢者というのは寂しいです。寂しいから、どうしても話がくどくなります。言ったことは忘れてしまいます。とすれば、やっぱり寂しさをどうやってカバーしていくのか。

例えば特別養護老人ホームなんかに入っていると、職員の人に、「ああだこうだ」と話をしようとする。職員は忙しいものだから、「後で後で」というふうに言って聞いてくれない。いつになったらば本当に私の話を聞いてくれるの、と思う。ところが、五回も六回も八回も「後で後で」と言われたら、もう質問もしなくなってくるのです。質問もしなくなってくるといったら、考えなくなってくるのです。考えなくなってくると、どんどん、どんどん落ち込んでくるのです。

ということになりますから、私が理事長になったときは、たまたま私の友人の日立関連の会社に行っていた人に、あなた、うちの老人ホームに来てと言って、週に三回、ボランティアで来てもらって高齢者の人たちと話ししてもらった。

たまたま、働き過ぎて倒れてしまい退職していたのですが、しゃべる力は残ったのです。話しの上手な非常にまれな能力を持っていたのです。どこに行っても、子どもがそこにいたら、子どもがぱあっとくっついてき、女性のグループがいたら、女性がぱあっと来るのです。大人のグループがいたら、大人がぱあっとくっついてくるという、何か本当にまれな能力なのです。いつもその人のところに輪ができて、わあっとね。職員も楽になったと言っていますね。職員も「後で後で」と言わなくても、その人のところに利用者が行って、職員が今度は相手にしなくていいようになったのですね。

ということでもって、やっぱり話し相手がほしい。その人は話が好きなものだから、戦中の苦労なんかも含めて聞いてあげるわけです。「はあ、はあ」と、それでまたうなずく。見ているほうがおもしろいのですよね。そんな努力を少しするだけでやっぱり生き生きとして利用者が暮らせるような条件設定ができるようにホームを持ってきたわけです。

そういう事柄をやりながら、やっぱり、「ああ、この施設に住んでいてよかった」、あるいは「長生きしてよかった」、「三年前に本当は死のうと思ったけれども、ここまで生きてきたからよかった、悔いないわ」というふうに思わせるような仕事をすることが私は大事なことだろうというふうに思うのです。

(2) 権利を護るとは

公的責任を明確に

権利擁護に関しまして、介護保険ができてから「権利擁護、権利擁護」と言っている割には、その権利擁護をどうしたらいいのか、だれのどんな権利を守っていったらいいのかということについて必ずしも共通の認識がないわけです。多くの場合、「成年後見人」、「オンブズマン」も想定して権利擁護と言っていますが、私は基本は、憲法二十五条との関係でいえば、市町村が公的責任と公的費用負担でもって権利擁護の中核になるべきだと思うのです。

ところが、いかんせん、私もあちこち見て歩きましたけれども、市町村の職員でもって、福祉の専門家というのは極めて少ないのです。きのうまで道路の穴を掘っていた人が福祉事務所の職員になったりとか、税金を取り立てていた人がここへ来たりということなのです。これではだめです。穴を掘る専門家は、掘る力は持っていますが、福祉の心はわかりません。利用者の置かれた状態とか、家族でもってどんな葛藤や苦労があったかということについてもおもんばかることがなかなか出来ない。

人間を、人間全体として愛することができるまでには時間がかかります。やっぱりそういう能力を持った人が市町村の職員にきちっとつくことによって、そのまち全体のつくり方も変わってくるわけです。当然のことながら、自分だけが努力すればいいのではない、足りない部分については補ってもらう。

どうやって。例えばどこの市町村にも社会福祉協議会がありますが、社会福祉協議会を活性化しなくてはいけない。ここを特化集団にする。専門的な資格を持っている人たちをそこにどんどん入れていく。専門的資格といえば、介護福祉士だったり、社会福祉士だったり、保育士だったり、そういう福祉についての専門的資格を持っている人たちにやってもらって、それで今度は中学校区単位ぐらいで「ミニ社協」をつくり上げるということをやっていく。これが福祉のネットワークの試みです。

地域包括支援センター

その流れで考え出されたのが、「地域包括支援センター」なのです。大体、中学校区単位でもって、人口二万人ぐらいでつくるようになったわけです。これは、三年ほど前に、介護保険法の改正でもって、権利擁護が「地域包括支援センター」の重要な任務になってきたのです。

ここでいうところの権利擁護の多くの場合は虐待の防止ということなのですけれども、しかし、虐待だけではないわけです。そこにいく前の問題というのが大事なわけです。さっきから何度も言っていますように、その人らしく生きる権利をどうやって保障してあげるのか、福祉の人材をそこにどうやって投入していくのか、介護福祉の問題も含めてどうやっていくのかということをしっかりやっていく必要があるわけです。

そういう事柄について、地域包括支援センターの中に社会福祉士を置き、保健師を置き、ケアマネを置くということでもってそれをやっていこうとしているわけです。趣旨はいいのだけれども、中には怠けているところがいっぱいあるわけです。だって、きのうまで「在宅介護支援センター」だったのです。きょうから「地域包括支援センター」になったのです。名前は変えたって、一六〇円のハンバーガーはハンバーガーなのです。名前を変えたって、中身が同じでは味は変わらないというのでは困るのです。看板も変わったのだったらば、人間の仕事のスタイルも含めて変わらなくてはいけないのです。

地域のネットワークの構築

私ども弁護士会は、日本社会福祉士会と協力して、高齢者の虐待の特別チームをつくろうということで全国に働きかけています。後で出ます錦織さんが中心になって、ぱあっとやってきているわけです。それからさらに、また弁護士だけの力では限度があるというので、社会福祉士、お医者さん、行政の責任者、それからまた施設の職員を含めて、年に一回「権利擁護の集い」という、ついこの前も岡山でありましたけれども、七〇〇人ぐらい集まってやったわけです。

今まで大阪、仙台、名古屋、横浜、札幌、福岡でずっと「権利擁護の集い」をやってきているわけです。要するに、社会の持っている英知を結集して地域にそういうネットワークづくりを、実行委員会をつくることによって責任を果たしていこうというわけです。行政に中心になってもらうにしても、行政だけではカバーできないことがいっぱいあることは明らかなのです。行政の職員が一軒一軒、虐待していませんかなんて訪ねて歩くわけにはいかないのですから、ご用聞きとは違うわけですから、そういう意味でいえば、隣近所の人たちの、よく知っている人たちがそれを注目する必要があるわけです。常に情報が行政に入ってくる、あるいは地域包括支援センターに入ってくるということも大切にしなくてはいけないわけです。そういうことを地域包括支援センターを通じてやっていく、そのためにはやっぱりそういう人材も養成していかなくてはいけないわけです。持っていなかったら、持ってもらわなくてはいけないわけです。

弁護士が中心のネットワーク

ネットワークという話が出ましたけれども、やっぱり人と人とのつながりをどうやってつくっていくのか、そこに中心となる人がいないと、ネットワークというのは自然にはできない。先ほどの錦織先生（出雲成年後見センター会長で、シンポジスト―編集者注）や、エール（NPO法人・宮城福祉オンブズネット）の荒さんの話が出ましたが、この二つのケースについては、ある程度、弁護士が中心的になってやる。

弁護士のいいところは、いろんな職業の人たちとつながりを持っていて、特定の業界にとらわれない。製造業からサービス業まであらゆるところと弁護士さんはつながっている。それから、とてつもない金持ちの仕事もやりますけれども、とてつもない貧乏人の仕事もやる。これがまた弁護士の幅の広さのいいところだというふうに私は思っております。そういう意味での弁護士の持っている幅の広さと人と人とのつながりをどうやってつくっていくのかというところで、それぞれの地域に置かれた条件に基づいて問題解決してきたのではないかというふうに思っております。

私自身についていえば、例えば知的障がい児あるいは障がい者の施設の理事長になったときに、私の担当した施設というのは非常なぼろ家だったのです。四人部屋とか五人部屋みたいな施設で、こんなところが人間の住む所かと私は思いましたので、建て替えを考えました。四階建ての建物ですと、お金が約五億円ほどかかるということを聞きました。ご承知のように、措置ですから、金なんかないのです。

残しているお金を使えというふうに言われますから、市役所に行きまして、金出してくれと言いました。最初に私を理事長にと市役所からたのまれたときに、全面的に協力することを先に念を私とっていましたので、協力しますということで、では今度建てかえるからと言って、金出してもらうことになった。心づもりとしては、五〇〇〇万のつもりだったのですけれども、私は金額を言わなかったのです。結論からいって一億円出してもらった。返さなくてもいいお金を一億円出してもらうというのはやはりとてつもなく大きくありがたいことです。

弁護士というのは、さっきから何度も言っているように、幅広い活動をやっていますので、一億円出すといったら、これは会議で承認が必要なのです。議会の中に反対する人、私を憎しと思っている人がいたら、とても承認をもらえないのです。そういう意味で、やっぱりふだんから私もあちこちいろんな人とつながりを持っているものですから、承認をもらえた。

それから、もう一〇年ぐらい前ですけれども、まちの中に知的障がい者の施設をつくるものですから、当然、地域の人たちの反対が予想されるということで、これまた弁護士というのは常に作戦を考えて、紛争解決を業としますから、とにかく周りの人たちで、地域の町内会長さんを理事に持ってくるとか、地域の学校の校長先生を理事に持ってくるとか、人材、理事会と評議員が一変しまして、それでもって周りの人が反対しないような雰囲気をつくりながら、地域の人たちの交流を一生懸命やっていくということをずっとやってきながら施設づくりをやってきたということがあるのです。

同時に、知的障がい者だけが利用するのではなくて、何かあったときは地域のあらゆる人たちの駆け込み寺みたいな感じにしようやということで、そこの職員に、すぐれた人間を持ってきた。私は自分ではできないけれども、人を連れてくるというのはある程度強引でもできますので、そういうことを職員を配置していくというやり方をしました。

「エール」のやり方というのはある程度それと似ているのかなと思っています。エールというのは一言で言うと駆け込み寺ですよね。オンブズマンですから、何かあったとき、高齢者、障害者が訴えるところがなかったら困るところなのですね。本来は、さっきから何度も言っていますように、行政がそれをやるべきところなのです。市町村が、本来は権利擁護センターみたいなのを介護保険実施のときにつくるべきだったのです。それをつくっているところは極めて少ないのです。

私が相談に乗ったのは、例えば東京の足立区では「権利擁護センターあだち」というのを社会福祉協議会が立ち上げて、例えば錦織さんやエールの鈴木さんが言ったような話の窓口になっていくということをやっているのです。介護保険実施に伴って権利擁護と言う割には、市町村が権利擁護の解決機関を自前でつくることをしなかった、それがためにいろんな問題が出てきているわけです。本来、市町村の職員がそういうことについてもうちょっと習熟する必要があったのかなという気がします。

それから、福島の地域包括支援センターの方も言ってましたけれども、民生委員さんの力というのは私は非常に大きいものだと思っています。民生委員さんというのは、これも率直に言って、熱心さでは、でこぼこはいっぱいあるのですよね。かなりでこぼこはありますけれども、能力のある民生委員さんは地元と密着しています。そこの家庭環境から何から息子の歴史とか母親の歴史なんかも含めてよく知っていますので、虐待なんかがあった場合でも、その下地のアドバイスをやりながら、それで地域包括の人たちが権利擁護をやっていくということもやっていかなくてはいけないのだろうと思います。

それから、福祉の関係者はよく言えばまじめなのですが、悪く言えば非常に狭い社会で生きています。そういう意味でいうと、先ほど町内会長さんの話が出ましたけれども、もうちょっといろんな人たちとつながりを持ちながらネットワークづくりに注意をしていかないといけない。自分らの関係者とか仲間だけでつき合っていたのではネットワークはできないのです。

私の住んでいる多摩市は十五万人いますけれども、私が理事長をやっていた特養ホームにしても知的障がい者の施設にしても、職員があちこち、デイサービスの関係だとか何とかかんとかで地域に行くと、「高野さんのところですか」と言われてびっくりしたと職員は述べています。何か文句を言いそうになっても、「高野さんのところだったらしようがないよ」という感じで言われるという。大体ずっと長く住んでいると地域の人間関係がわかるのですね。池の中に石をぽんと投げると、だれがどう反応するかというのは大体わかります。

私ら弁護士は紛争解決を旨としていますから、紛争が起こらないようにどうしたらいいかということを考えながらやるという意味では、いろんな職種の人たちとつながりを持つということが私は非常に大事だなと思っています。それと同時に、商売をやっている人や飲み屋のおやじなど普通の市民が参加できるような形態のネットワークづくりが必要です。あるいはボランティアばかり長くやっていると疲れてしまうのですよね。長続きしませんので、やっぱりある程度長続きできるような、そういう組織づくりが必要なのかなというふうに思いました。

成年後見人は

また、成年後見人、これも大事です。私は二つのことが大切だと考えています。一つは身上監護、もう一つは財産管理の問題です。

身上監護の問題については、民法でもって身上監護が一つの任務なのです。適切な財産管理をしたり、その人らしく生きることを保障するためには身上監護を十分しなくてはいけない。認知症の人であるならば、認知症の人の話は直接聞けないけれども、家族からいろいろ話を聞く、さっき言った戸籍謄本を調べる、学生時代からのアルバムを見る、写真を見る、どうやって生きてきたのだろうということがわかりますよね。そうして、これからもこういう生き方をしたかったはずだということもある程度は推測しますよね。その上で、言うならば適切な財産管理をしていくということになるわけです。

(3) 財産管理の大切さ

自分らしい生き方を実現　――お金で買える幸福

お金のない人には財産管理というのはありませんけれども、中にはいっぱい財産を持っている人もいるのです。私のかかわった施設でもそうでしたけれども、二〇〇〇万円ぐらい持っていて死んでしまった人がいたのです。身寄りはだれもいないのですよ。私、理事長をやっていたとき、お金を幾ら持っているかなんてチェックしていませんでしたから。後から施設長と話したのですけれども、財産を持っていたらば、お金で買える幸せもあるのではないのかと。あの亡くなった人は歌舞伎が好きだったかもしれないよ、海老蔵が好きだったかもしれないよ、連獅子が好きだったかもしれないよ。とすれば、そういう人にヘルパーさんをつけていって、今はぼけたって、歌舞伎座にヘルパーさんが連れていって芝居を見れば生き生きとして見ているかもしれないよ。あるいは、和倉温泉の加賀屋という旅館に行けば、あそこでもってうまいものが食えたりとか、ああ、生きていてよかったというふうに思うかもしれないよ。銀座四丁目の空也の最中を食ったらば、ああ、うまかったなというふうに思うかもしれないよ。長野県の人がいますけれども、諏訪神社のところの新鶴の羊かんを食べたら、これもいいなというふうに思うかもしれないよ。これもお金で買える幸せの一つです。何も残すばかりが能ではない。とすれば、その時々必要な、言うならば援助を与えていくことによって充実した人生を過ごして、一〇〇歳のときにはいい人生だったなと思いながら別れていくことができるかもしれません。やっぱりそういう事柄をやっていく必要が私はあるのだろうと思います。と同時に、さっきから何度も言っていますように、住みなれた地域社会で生きるということを、お金があればある程度可能になりますよね。そういう意味で、お金で買える幸福というのがある。

お金は生命の次に大切

高齢者にとってみると、お金は生命の次に大切なのです。なぜか。もう年とったら、普通の人でいえば六十五歳が済んだらば金が入ってこないのです。減っていく一方なのです。年金が若干入ってくるぐらいのもので、減っていく一方なのです。最近、年とった人たちの夫婦げんかが多いでしょう。金を持ってくるときは我慢していますよ。金を持ってこない男なんて魅力ないからね。それに、一日三回も飯食うようになりますでしょう。奥さんからすれば、これはかなわんわなという感じです。次第次第に不満がたまったところで、ぼんとぶつかることになってくるわけです。

そういう意味で、お金を、みんな老後のためということでためるわけです。

日本の社会保障が充実していて、年金があって医療があって、介護も十分、スウェーデンやノルウェーやデンマークのようにやられているならば、老後にそなえてお金をためる必要は少ないのです。ところが、日本政府は常に約束を守らない。例えば年金の不祥事の解明について四月までと言ったのが、来年度中はと言ったり、また四月からと言ったり、年金の不正の調査よりも景気対策だものね。そんな人が政策の中心にいるわけですよね。ということで言えば、やっぱり自己責任で、自分の命は自分で守らなければいけない。ところが、いかんせん、幾つまで生きられるか、人間わからない。だから、みんなお金をためるわけだよね。

さっきも言ったように、うちのおふくろは九〇歳でした。私と兄貴がいろいろお金を渡すこともあるわけです。会ったときに小遣いだといって。三万円とか五万円とか渡すわけです。そうしたら、おふくろは使わない、ためていく。「何でためておくのだよ、使えよ」と言うと、「老後にとっておく」と言うのです。つまり、九〇歳になってもまだまだ自分は生きたいと思っているわけです。一〇〇歳まで生きたいと思っているわけです。そういう人が九十三歳で死ぬのは、子供から見ても無惨です。我々があげたお金が二〇〇万ぐらいたまっているわけです。何で、こんなにお金ためてどうするのだという感じですよね。だけれども、やっぱり高齢者にとってみるとお金は極めて大切だ、その生命の次に大切なお金をつめに火をともすような思いでためたお金、これをしっかりと後見人は使い道を含めて守ってやらなくてはいけないという大事な任務を持っているわけです。

(4) 施設等の任務

生活相談員の重視

施設の職員だって同じです。施設の職員の中には、言葉遣いが乱暴な人もいます。それから、さっき言ったように、「後で後で」と言って、ちっとも相談に乗ろうとしない人もいます。私は施設の中で、最も重要な役割を果たすのが生活相談員だと思っています。この生活相談員が、その機能を今果たしていないのです。どこの施設に行っても、あなた何をやっていると聞いても、何だか答がさっぱりわからない。ヘルパーのまねごとをやっているのです。

私はよく言っているのですけれども、生活相談員は、社会福祉士の資格を持ちながら、法学部を出ていて法学をちゃんと履修した人、そんな人になってもらったらいいよと。お金の管理の問題なり苦情解決なりができる人でないといけない。社会福祉士の資格を取るには、法学という科目があるのですけれども、あれでは不十分なのです。

私、日本社会事業大学というところで専門職大学院でもって法学を教えています。主に教えているのは民法です。やっぱり民法は、最低限必要です。その次に必要になるのは、「消費者契約法」という法律でしょう。その次は、労働法かなと思っております。

なぜ労働法かというと、福祉の人というのはよく言えば「まじめ」なのですけれども、悪く言うと労働条件などに「無知」なのです。一生懸命働いて、身も心もぼろぼろになっていくという人たちが多いのです。人間というのは、いい仕事をするために一日六時間とか八時間というふうに限定してやらないと、一日十二時間働いたら三年しかもたないのです。六時間ずつだったら、一〇年、二〇年ともつのですよね。やっぱり、労働の再生産性ということを考えないといけないのに、滅私奉公的に尽くすというのです。残業代を請求するなんてとんでもないというふうに思っている人たちがいたり、ストライキをやるなんというのはもう人間の風上にも置けないみたく思っている人たちが結構多いのですよね。そういう市民としての基本的な常識を身につけることが私は大事だろうと思っています。

要するに、法律というのは何が目的かといったらば紛争解決なのです。紛争解決を上手にする方法が法律の中にいっぱい書いているわけ。だから、苦情解決と同じことなのです。

資格のある人を任用

苦情解決という言葉が定着しているので、そう言いますけれども、契約の制度のもとにおいては苦情という言葉はおかしい。それは契約に基づく正当な権利行使なのです。ところが、措置の時代の今までの考え方では、お世話しているという考え方ですのでうるさいじじいだな、うるさいばばあだなというふうに思っているわけで、それを苦情と表現してしまっているわけです。そうではないわけです。これは契約に基づく権利行使だとすれば、それに契約の相手方である事業者は適切に対応する義務があるわけです。それが適切にできないということは、法律の知識が弱いからなのです。紛争解決能力が弱いからなのです。ただ慰めればいいというわけではないのです。

私のお金どこいったと聞いた場合に、やっぱり徹底的に調べるということが大事なことなのです。隣の人との関係がうまくいかなかったらどうしたらいいかという、場合によっては、さっきも言ったように切り離しをしなくてはいけないわけです。ＰＫＯみたいなものですね。そういうことをしなくてはいけないわけです。

そういうことを進めて、やっぱりしっかりと生活相談に乗っていって、施設長と相談したり、ケアマネと相談したり、そういうことをやっていく力を持っている必要があるかと思うのです。そういう意味でいうと、生活相談員には資格のある人たちをこれからどんどん採用していかなくてはいけないということになります。資格のない人たちが生活相談員をやっているものだから、その機能を果たせないでいるということに私はなるのだろうと思います。

それから、お金のない人についての成年後見、成年後見というのはお金がかかるのです。普通は申し立てをする段階でもって鑑定しますから、鑑定料として一〇万円ぐらいかかるのです。それでまた、大体多くの、七割か八割ぐらいは親族の人たちが、お金がかかるから後見人になっているのです。弁護士とか司法書士とか、そういう人に頼むことを第三者後見というのですけれども、そういう人に頼めば月に三万円とか五万円とかお金がかかるわけです。ですから、みんな親族に頼んでいるわけです。しかし、今、ご案内のように、親族がいなかったり、ひとり暮らしの高齢者が圧倒的に多くなってきているわけです。昔のように家族で同居している人たちがたっと減っているわけです。一つは、年金がでるようになってきたから、家族と同居しなくてもいい、仕送りもしなくてもいいという背景があります。他方では、核家族になって、家族がいなくなってばらばらだ、そういう現象も一方ではあります。そういう中でもって、ひとり暮らしの人たちがふえてきている。

三〇年ほど前、一九七〇年代の後半には、日本政府は福祉を怠ける論理として日本型福祉と言った。自己責任とか自立自助とか言っていたのです。自立自助ということは、国はかかわりません、公の団体もかかわりませんよということの別名だったのです。それだったら、国とは何ぞやとなりますよね。憲法二十五条の公的責任と公的費用負担はどうなったのだ、こうなりますよね。それの反省が出てきて、一九九七年の介護保険法というのが生まれてきたわけです。公的責任、一方ではそういうすべての人にあまねく介護サービスができるようにという、従来の措置のような特定少数ではなくて、大勢の人たちが安心して利用できるようにというので、介護保険法が一方では生まれてきたということになりますから、その安心にこたえられるような制度設計をしなくてはいけない。

(5) 成年後見利用支援事業の活性化

成年後見制度についても、お金がないために自分の権利が擁護されないということはあってはならないことです。お金のあるなしにかかわらず、すべての人が健康で文化的な最低限度の生活、その中に成年後見を利用する権利も入っているはずです。とすれば、成年後見の利用に関していうと、成年後見利用支援事業というのがあります。この成年後見利用支援事業を活用することによって、鑑定料も立てかえてもらう、あるいは無料で利用できる、それから後見人へ支払う報酬、毎月の二万円、三万円も要らなくなってくる。

これらは大体、国が半分費用を負担し、それから都道府県、市町村が合わせて半分ということなのです。だから、金のない市町村はやる気がないものですから、これがまた、成年後見利用支援事業というのがあることさえも市民に周知徹底しないところがあるのですね。そういう制度を厚労省のほうで一生懸命つくったにもかかわらず、これがまだまだ地域全体に定着していない。とすれば、専門家の皆さんはそれを市町村につくるように働きかけていく必要があるのだろうと思います。

3　おわりに

(1)　福祉の従事者は総合的な専門家であれ

最後ですけれども、福祉の従事者というのは大体見ているとよくないのです。何でかといったらば、私は保育の専門家、私は障がい児の関係、私は障がい者の専門家、私は高齢者の専門家と縦割りになってしまっているのです。法律が老人福祉法とか知的障害者福祉法とか児童福祉法と縦割りになっているからって、人間まで縦割りになっていいものではないのです。

現実問題として、例えば夫婦の問題で、一方が知的障がいで、他方が認知症だと、子どもがまた違う病気を持っていた場合に、この家族三人がファミリーを形成して暮らせるようなシステムを考えてあげなくてはだめではないか。ところが、今の状態だったら、知的障がい者は知的障がい者の更生施設に入れる、認知症の人は特別養護老人ホームに入れる、何でもない子どもは生活保護でもって別な施設、家族をばらばらに解体することを専門家がやるということになりかねません。これはやっぱり、一つ一つそれができるように、いろんな人たちと協力しながらやっていくように、そしてもしも制度が不十分だったらば直していくようにしなくてはいけないわけです。直せなかったら専門家とは言えないです。

無理だと思ったことでも、専門家と協力し合うことによって可能に

平成一〇年に、学生無年金障がい者の裁判について僕らは相談を受けたのです。国民年金法は昭和三十四年にできたのです。四〇年近くにわたって、学生は本来は国民年金に加入する必要がないということでもって加入しなかった。その間に、学生が交通事故だったり、それからラグビーやったり、サッカーやったりしてけがして重度の障がい者になったり、場合によっては精神障がい者になったりする、そういう人がいっぱいいるわけです。その人たちは何十年にわたって無年金者だったのです。平成十六年三月二十四日に、ずっと長い間、サボるだけサボってきた国の立法の不作為だということを理由にして、憲法十四条に違反するという判決が出ました。

その後、平成十六年十二月、私も国会に行きましたけれども、結局、特定障害者特別給付金支給法という法律ができて、今まで無年金だった人にも、二級の人には四万円、一級の人には五万円のお金が出るようになったわけです。五万円のお金というのは貴重なものです、年間六十万で

すから。だけれども、例えば私の依頼者でいえば、交通事故で全盲になった人がいるわけです。そうすると、今まで全盲のあんまさんがはり、きゅうをやっていましたけれども、これまでは結構平日もお客さんがいたのが、最近は目が不自由でない人もあんま、はり、きゅうをやるようになってきたのです。だから、結局、みんなが休むところの土曜日、日曜に出張してあんま、はり、きゅうをやらないと稼げなくなったから、家族がどこかへ連れていってと言っても、きょうは稼ぎどきだからといって出かけられなかったのが、五万円もらえれば、月に一回は日曜日に休めるようになった。ということで、随分感謝されました。

私が言うのも変だけれども、私もこの裁判でものすごく努力してきました。裁判に命かけてやってきたのです。やっと、こういう法律ができました。国会議員が法律ができたとき、わあっと泣いてしまいました。男が泣くのを初めて見ました。それでもって全国二万四〇〇〇人の無年金障がい者が救済されるようになったわけです。

という意味で、努力すれば世の中を少しは変えることができるのです。長年にわたって無理だと思ったことでも、頑張ることによってできる、専門家と協力し合うことによってそれが可能になるわけです。社会保険労務士の人たち、社会福祉の人たち、ケースワーカーの人たちの協力を得て裁判を起こしていたわけです。弁護士は、そういう専門家の人たちの協力を得て一生懸命、努力したわけです。それで、裁判でかち取ったということなのです。そういう意味での専門家の役割が、大切です。

(2) 社会福祉協議会の役割

それから、社会福祉協議会も、専門家集団に特化する必要がある。社会福祉協議会ほどいい制度はない。私も一〇年間、理事をやりましたからわかるのですけれども、しかし、社会福祉協議会ほど身分待遇がよいところはない。この前も電車の中で乗客が話しているのを聞くと「おまえ、社会福祉協議会って知っているか、あれは給料は公務員とほぼ同じで、仕事は公務員よりももっと楽らしいぞ。うちの息子をそこへ入れようかな」というような話ししていたのです。社会福祉協議会というのは地域によってはいっぱいいい活動をしているのですが、依然として役所の下請体質というのがあり、それが福祉だと思っている、地域福祉の貢献だと思っている社会福祉協議会もあるのです。私は、やっぱり社会福祉協議会は法人として成年後見を受けるぐらいのことになっていかなくてはいけないと思っているのです。

高齢者の問題についてもしかり、それから知的障がい児あるいは知的障がい者の関係についても、社会福祉協議会が成年後見制の法人後見人になっていかないと、私なんかも知的障がい者の施設の理事長をやってきたけれども、三〇歳の人だったら、だれよりも三〇歳私の方が年が上なのです。後見人である私の方が死んでしまうのだよね。とすれば、ずっと未来永劫に続くといったら、法人後見人しかないわけです。そういう制度にするために、社会福祉協議会をやっぱり特化した専門家集団にしていかなくてはいけないわけです。

いつまでも役所の下請みたいなことをやっていたらだめなのです。役所も、社会福祉協議会の人材を事務局長で派遣するのだったらば、いい人を派遣しないと困るわけです。いい人を派遣して活性化をしていく。だって、社会福祉協議会に遊びに行くと、いっぱい地域の人たちが寄ってきているのだから、福祉の人材はあそこにごまんとあるのです。あれを活用しない手はないのです。ぜひとも、官と民をつなぐ役割を社会福祉協議会にやっていただきたいと思うのです。

(3) 老スクールの取り組み～人材育成

それから、多分あとで仙台のエールの関係者が出ると思いますけれども、人材を養成するためには、仙台では老すくーる、老人の老なのです。法学部の法のローではなくて、ロースクールではなくて、カリキュラムをちょっとつくって、それで市民後見の基盤になるような、あるいは後見でなくたって、福祉に詳しい人材をつくり上げていく、それで地域にそういう人たちが中学校単位に二、三人ずつでもいれば、虐待問題とか児童の問題、高齢者のいろんな問題についても、それを地域包括支援センターにつなげたり、あるいは市町村につなげていくことによって有効な活動ができるようになります。せっかく生きてきたのですもの。生きてきて、ああ、いい人生だったなというふうに思えるような社会にみんなの力でしていきたいものだと思っております。

最後のまとめに、三つほどのことをお話しさせていただきたいと思います。

① ワンストップ型の相談機関

一つは、エールのような相談機関が必要だということです。私ども、いろいろな法律相談なんかで、市役所から頼まれてあちこちに行ったりしてやっていますけれども、こんなこともわからないのかというような事柄でいっぱい相談に来ます。逆に言うと、こんなくだらないことで悩んでいたのなら、早くおれのところに来れば、一日であるいは三〇分で解決したのにと思うような事柄でずっと何年も悩んでいる人がいます。そういう意味では、相談機関が必要だということになります。

それから、高齢者の場合の相談はいろんな問題にかかわります。病院の問題にもかかわったり、家の住宅構造にかかわる問題があったり、それから介護や福祉にかかわる問題があったりします。そういう意味では、エールのように建築家とか医者とか社会福祉士とか弁護士とかいう方々が総合的にかかわって、できるならばワンストップ型の相談機関に私はすべきだと。

そうでないと、行政のように、それは障がい福祉課だ、それは高齢福祉課だ、それは住宅だとたらい回しにするというのはよくないと思っています。そういう意味では、ワンストップ型の特別な相談機関を是非つくるべきだ、これは権利擁護の基本だというふうに思っております。

② 法人後見の関係で社会福祉協議会

それから二番目は、成年後見人として適切な人材をどうやって確保していくのか。これはやっぱり大変な問題だと思っています。

私と錦織先生が、もう何年ぐらい前でしたか、ドイツに成年後見の調査に行ったことがありました。ドイツは数百万件という単位の成年後見人、一人でもって大体二〇件から三〇件ぐらい持っていて、それを職業でやっているという例がありました。それほど歴史がある。それに比べると日本はまだまだ少ない。認知症の人たちが一五〇万人いたらば、せめて半分の七十五万人ぐらいは成年後見人がついていていてもいいだろうと思う。それから、知的障がい者の人たちが四十五万人といったらば、せめて一〇万人ぐらいは成年後見人がついていてもいいだろうというふうに思っています。精神障がい者の方が三五〇万人とか四〇〇万人いたらば、それの少なくとも一割ぐらいは後見人がついていてもいいはずです。そういう意味では、まだまだ数としては少ない。

たしかに、市民後見人みたいなものが必要ですけれども、今、市民後見人の人材養成・研修をやったからって、裁判所がその人に後見を依頼するかといったらば、そういう条件にはないと思うのです。そういう意味では、社会福祉協議会などが法人後見人をやっていくことが大事なのかなと思っています。

③　人材づくり〜学び直し

それから三番目に、人材づくりということについて、きょうのテーマでいうと「学び直し」ということがあります。ご承知のように、私は昭和二〇年生まれですけれども、私より一年か二年下の団塊の世代の人たちがどんどん退職してきています。この人たちは体力がいっぱいあるのです。昔の六〇歳というと、「船頭小唄」に出てくる「ことし六〇のおじいさん」というのとは違うのです。体力がいっぱいあるのですから、まだ一〇年は働けるのです。やっぱり、世のため、人のために尽くすということは自分のためになるのです。今一生懸命頑張れば、後には自分が被後見人になるときにそれが役立つわけです。今頑張らないと、人のことばかり当てにしたってだめなのです。今頑張ることによって、自分が後見人を必要とするようになったときに、その人材がいっぱいできていますから、そういう制度もできてくる。要するに「情けは人にためにならず」なのです。自分のために頑張っていく。後の世に光をつくるために、今頑張っていく必要があるだろうと思う。

そういう観点でいえば、せっかく「学び直し」のシンポジウムがあって、福島大学でもって、一生懸命頑張っていただいて福祉関係の学部をつくってもらうとか、あるいは学部がないのだったらば、あるところの、県立会津大学でしたか、そういうところと協力するとか、あるいはNPO法人を学校の関係者がつくって、それをバックアップ体制をつくっていくとか、そういうような継続的な「学び直し」の体制をつくる。文部省のお金を得たから三年間だけやるというのではなくて、ずっとこれからも長期的にやっていくということが、非常に福島県の人たちが安心して生活ができる、生きていてよかったと思えるような実感づくりができるような、そういう体制づくりのためには物すごい数の人間が必要です。何度も言いますけれども、中学単位ぐらいに数人の人たちが、そういう人材がなければなかなか行政との協力関係が出てきません。人材というのは、行政にも協力し、行政を動かす、そういう人材でないと、ただ善意でもって動くというだけでは今の時代動きません。

ご承知のように、福祉の世界の政策というのは日がわりメニューのように変わっています。二年前によかれと思ったことはもう違います。厚労省の担当者会議なんか見ても、六月のときの担当者会議の話と一〇月の担当者会議ではまるっきりひっくり返っているということはざらにある話です。そういう意味では、日々勉強していないとだめなのです。五年前に役立った知識が今は全く役立たないということはざらにある話で、そういう意味でも、学び直しということでいえば、常に勉強する。とりわけ、これからの福祉の場合においては、右手でもって政策を勉強し、左手でもってそろばんがはじける、そういう人でないとやっていけなくなってきます。

措置の時代は、まとまって一カ月三〇万なら三〇万という措置費がでましたけれども、今は要介護状態によって毎月の収入が違いますから、そういう意味でいえば、そろばんがはじけるような人でないとだめです。何も簿記一級取れと言っているわけではないのです。ぜひとも政策についても常に勉強する、そのために、やっぱり自分を磨くためにお金を投資しなくてはいけません。黙って人の与えてくれるだけの研修だけを待っていたって、これはよくなりません。自分を磨くためにお金をかける、本を読むためには金がないと本は読めないのだよね。そうすると、無駄なものに金を使わない。私、自慢ではないけれども、携帯電話と自動車を持っていないのです。携帯電話の一万円というのがあれば本が買えますし、自動車代のローンを月に五万か六万か払うのだったらば、その分だけ本を七、八万円買えることになります。ということでもって、本を読んだり芝居を見たり映画に行ったりという、あるいはいろんな人たちとのつながりを持つために、自分に投資していくために金を惜しみなくやっていくということが私は大事だと思うのです。

出すものは出さないと、世の中がよくなりません。そういう意味でも、ぜひ人材養成のために、きょうのこのシンポジウムを契機にして、これからどうしていったらいいのかということを考えていただきたい。今日シンポジウムを終了して家に帰って、外に出てしまったら、きょうはいい話を聞いたなと思って何も後に残らないというのでは困りますので、ぜひともこれを機会に組織づくりしていく。

私、変な話なのですけれども、東京でいえば世田ケ谷区とか中野区とか杉並区というのはすごくいいところだろうと思っているのです。以前、介護保険法の制定のころに講演に行ったら、私の話を聞いて、杉並の人たちが福祉フォーラム何とかという団体をつくってしまって、それでもって特別養護老人ホームを一つつくってしまったのです。というぐらい、やっぱり杉並の人たちはパワフルなのです。いい話を聞いた、今の政策ではだめだというだけではだめなので、どうしたらいいのかということを五〇団体の人たちが集まって福祉フォーラムというのをつくって、その人たちが今度は国や区に呼びかけていって、自分たちも努力して特別養護老人ホームをつくっていった。そういう例がありますので、ぜひともそういうふうに動いていただきたいと思います。

終わります。

福島大学ブックレット『21世紀の市民講座』刊行によせて

福島大学行政政策学類の前身である行政社会学部は、教育学部と経済学部に続く第3の学部として、１９８７年10月に創設され、２００７年10月にようやく二十歳を迎えました。学問分野の既存の枠を越えて、地域社会の諸問題を解き明かそうと、人文社会科学系から理工系まで、専門分野が多岐にわたる教員スタッフが結集し、以来20年、地域社会に学び、地域に開かれた学部を目ざして、教育・研究を積み重ねてきました。１９９３年の地域政策科学研究科（修士課程）開設、２００４年4月の国立大学法人化を経て、同年10月には理工系学部をつくるための改革により、行政政策学類として再出発することになりましたが、行政社会学部の教育理念を引き継ぎ、地域とともにある学類として歩んでいく決意を新たにしているところです。

21世紀に入って、戦争・紛争の解決はもとより、地球環境問題、格差・貧困問題、差別・人権問題を始めとする地球規模の問題群が深刻化するばかりでなく、地域に目を向けても、グローバリゼーションの影響下、過疎・山村はもちろんのこと、多くの地方都市が疲弊し追いつめられつつあります。大学も同様で、国際競争力に勝ち抜く人材育成と研究開発に特化する高等教育政策の本格化によって、生き残りをかけた競争を強いられています。

しかし、ユネスコ「21世紀にむけた高等教育に関する世界宣言」（１９９８）に、高等教育の改革は学生を主要なパートナーおよび責任ある当事者とみなし、「地域社会と労働界を基礎に発展」させなければならないと謳われているように、日本の大学も、世界を見通しながら地域社会を拓く「知の再構成」を担う主体となることが求められているのではないでしょうか。

福島大学ブックレット『21世紀の市民講座』は、学部創設20周年を記念して刊行いたします。行政社会学部・行政政策学類の教員が、創設以来学生とともに培ってきた教育実践や、市民公開講座・講演会および地域活動実践の記録、調査研究の成果等を素材とするこのシリーズは、地域社会に学び、地域社会に開かれた、地域とともにある学類・研究科として、地域社会に発信するとともに、新たな協働的な知の創造の契機となることを願って企画しました。

中学・高校生から大学生・大学院生・研究者はもちろんのこと、本学部・学類の卒業生たちのように自治体職員、協同組合、公益法人など公共性のある仕事についている方々を含む、地域社会を構成する市民の皆さんに、広く活用していただくことを期待しています。

２００８年9月30日

福島大学行政政策学類長　千葉　悦子

〔著者略歴〕

高野　範城（たかの・のりき）
弁護士（1970年弁護士登録・第2東京弁護士会）。
1945年北海道生まれ。1979年から15年間、日弁連・人権擁護委員会社会保障問題調査研究委員会に所属し、1998年以降、日弁連・高齢者・障害者の権利に関する委員会に所属したが、2004年6月～2006年5月には後者の委員長を務めた。
最近の著書として、『社会保障立法と司法の役割』、『高齢者の生活の安定と法知識』（ともに、2009年、創風社）がある。

新村　繁文（にいむら・しげふみ）
専門分野：刑事人権論、権利擁護制度論
1949年東京都生まれ。青森大学社会学部社会福祉学科教授を経て、2004年4月より現職。2006年度以降、福島刑務所視察委員として受刑者の権利擁護・処遇環境の改善に従事し、併せて2007年度後半からは、文部科学省の委託事業として「高齢社会における弱者の権利と生活を護る担い手育成プログラム」に携わってきた。
最近の著作として、「権利擁護を基軸とした生涯学習教育の試み」生涯学習教育研究センター年報13巻（2008年）、「福島刑務所視察委員会の活動を通じて」CPR News Letter No.61（2009年）がある。

福島大学ブックレット「21世紀の市民講座」No. 6
今なぜ権利擁護か　――ネットワークの重要性――

2010年3月20日　初版発行　　　定価（本体１０００円＋税）

著　者　高野　範城／新村　繁文
編　集　福島大学行政社会学部（現・行政政策学類）
創設20周年記念ブックレット編集委員会
発行人　武内　英晴
発行所　公人の友社
〒112-0002 東京都文京区小石川５－２６－８
ＴＥＬ ０３－３８１１－５７０１
ＦＡＸ ０３－３８１１－５７９５
Ｅメール koujin@alpha.ocn.ne.jp
http://www.e-asu.com/koujin/

「官治・集権」から

「自治・分権」へ

市民・自治体職員・研究者のための

自治・分権テキスト

《出版図書目録》
2010.3

公人の友社

112-0002　東京都文京区小石川５－26－８
TEL　03-3811-5701
FAX　03-3811-5795
メールアドレス　koujin@alpha.ocn.ne.jp

●ご注文はお近くの書店へ

小社の本は店頭にない場合でも、注文すると取り寄せてくれます。

書店さんに「公人の友社の『○○○○』をとりよせてください」とお申し込み下さい。５日おそくとも10日以内にお手元に届きます。

●直接ご注文の場合は

電話・ＦＡＸ・メールでお申し込み下さい。（送料は実費）

TEL　03-3811-5701　FAX　03-3811-5795
メールアドレス　koujin@alpha.ocn.ne.jp

（価格は、本体表示、消費税別）

福島大学ブックレット『21世紀の市民講座』

No.1
外国人労働者と地域社会の未来
桑原靖夫・香川孝三（著）
坂本恵（編著）　900円

No.2
自治体政策研究ノート
今井　照　900円

No.3
住民による「まちづくり」の作法
今西一男　1,000円

No.4
格差・貧困社会における市民の権利擁護
金子　勝　900円

No.5
法学の考え方・学び方
イェーリングにおける「秤」と「剣」
富田　哲　900円

No.6
今なぜ権利擁護か
―ネットワークの重要性―
高野範城・新村繁文　1,000円

都市政策フォーラムブックレット
（首都大学東京・都市教養学部
都市政策コース　企画）

No.1
「新しい公共」と新たな支え合いの創造へ―多摩市の挑戦―
首都大学東京・都市政策コース
900円

No.2
景観形成とまちづくり
―「国立市」を事例として―
首都大学東京・都市政策コース
1,000円

No.3
都市の活性化とまちづくり
―「制度設計から現場まで」―
首都大学東京・都市政策コース
1,000円

北海道自治研ブックレット

No.1
市民・自治体・政治
再論・人間型としての市民
松下圭一　1,200円

No.2
議会基本条例の展開
その後の栗山町議会を検証する
橋場利勝・中尾修・神原勝
1,200円

TAJIMI CITY ブックレット

No.2
転型期の自治体計画づくり
松下圭一　1,000円

No.3
これからの行政活動と財政
西尾勝　1,000円

No.4
構造改革時代の手続的公正と第2次分権改革
手続的公正の心理学から
鈴木庸夫　1,000円

No.5
自治基本条例はなぜ必要か
辻山幸宣　1,000円［品切れ］

No.6
自治のかたち法務のすがた
政策法務の構造と考え方
天野巡一　1,100円

No.7
自治体再構築における行政組織と職員の将来像
今井照　1,100円

No.8
持続可能な地域社会のデザイン
植田和弘　1,000円

No.9
政策財務の考え方
加藤良重　1,000円

No.10
市場化テストをいかに導入するべきか　～市民と行政
竹下譲　1,000円

No.11
市場と向き合う自治体
小西砂千夫・稲沢克祐　1,000円

地域ガバナンスシステム・シリーズ
（龍谷大学地域人材・公共政策開発システム　オープン・リサーチ・センター企画・編集）

No.1
地域人材を育てる
自治体研修改革
土山希美枝　900円

No.2
公共政策教育と認証評価システム―日米の現状と課題―
坂本勝　編著　1,100円

No.3
暮らしに根ざした心地良いまち
野呂昭彦・逢坂誠二・関原剛・吉本哲郎・白石克孝・堀尾正靭
1,100円

No.4
持続可能な都市自治体づくりのためのガイドブック
「オルボー憲章」「オルボー誓約」翻訳所収
1,100円

No.5
英国における地域戦略パートナーシップの挑戦
白石克彦編・的場信敬監訳　900円

No.6
マーケットと地域をつなぐパートナーシップ
協会という連帯のしくみ
白石克彦編・園田正彦著　1,000円

No.7
政府・地方自治体と市民社会の戦略的連携
—英国コンパクトにみる先駆性—
的場信敬編著　1,000円

No.8
財政縮小時代の人材戦略
多治見モデル
大矢野修編著　1,400円

No.10
行政学修士教育と人材育成
—米中の現状と課題—
坂本勝著　1,100円

No.11
アメリカ公共政策大学院の認証評価システムと評価基準
—NASPAAのアクレディテーションの検証を通して—
早田幸政　1,200円

地方自治土曜講座ブックレット

No.2
自治体の政策研究
森啓　600円

No.22
地方分権推進委員会勧告とこれからの地方自治
西尾勝　500円

No.34
政策立案過程への「戦略計画」少子高齢社会と自治体の福祉法務
加藤良重　400円

No.42
改革の主体は現場にあり
山田孝夫　900円

No.43
自治と分権の政治学
鳴海正泰　1,100円

No.44
公共政策と住民参加
宮本憲一　1,100円

No.45
農業を基軸としたまちづくり
小林康雄　800円

No.46
これからの北海道農業とまちづくり
篠田久雄　800円

No.47
自治の中に自治を求めて
佐藤守　1,000円

No.48
介護保険は何を変えるのか
池田省三　1,100円

No.49
介護保険と広域連合
大西幸雄　1,000円

No.50
自治体職員の政策水準
森啓　1,100円

No.51
分権型社会と条例づくり
篠原一　1,000円

No.52
自治体における政策評価の課題
佐藤克廣　1,000円

No.53
小さな町の議員と自治体
室崎正之　900円

No.54
改正地方自治法とアカウンタビリティ
鈴木庸夫　1,200円

No.56
財政運営と公会計制度
宮脇淳　1,100円

No.59
環境自治体とＩＳＯ
畠山武道　700円

No.60
転型期自治体の発想と手法
松下圭一　900円

No.61
分権の可能性　スコットランドと北海道
山口二郎　600円

No.62
機能重視型政策の分析過程と財務情報
宮脇淳　800円

No.63
自治体の広域連携
佐藤克廣　900円

No.64
分権時代における地域経営
見野全　700円

No.65
町村合併は住民自治の区域の変更である。
森啓　800円

No.66
自治体学のすすめ
田村明　900円

No.67
市民・行政・議会のパートナーシップを目指して
松山哲男　700円

No.69
新地方自治法と自治体の自立
井川博　900円

No.70
分権型社会の地方財政
神野直彦　1,000円

No.71
自然と共生した町づくり
宮崎県・綾町
森山喜代香　700円

No.72
情報共有と自治体改革
ニセコ町からの報告
片山健也　1,000円

No.73
地域民主主義の活性化と自治体改革
山口二郎　600円

No.74
分権は市民への権限委譲
上原公子　1,000円

No.75
今、なぜ合併か
瀬戸亀男　800円

No.76
市町村合併をめぐる状況分析
小西砂千夫　800円

No.78
ポスト公共事業社会と自治体政策
五十嵐敬喜　800円

No.80
自治体人事政策の改革
森啓　800円

No.82
地域通貨と地域自治
西部忠　900円

No.83
北海道経済の戦略と戦術
宮脇淳　800円

No.84
地域おこしを考える視点
矢作弘　700円

No.87
北海道行政基本条例論
神原勝　1,100円

No.90
「協働」の思想と体制
森啓　800円

No.91
協働のまちづくり
三鷹市の様々な取組みから
秋元政三　700円

No.92
シビル・ミニマム再考
ベンチマークとマニフェスト
松下圭一　900円

No.93
市町村合併の財政論
高木健二　800円

No.95
市町村行政改革の方向性
～ガバナンスとNPMのあいだ
佐藤克廣　800円

No.96
創造都市と日本社会の再生
佐々木雅幸　800円

No.97
地方政治の活性化と地域政策
山口二郎　800円

No.98
多治見市の政策策定と政策実行
西寺雅也　800円

No.99
自治体の政策形成力
森啓　700円

No.100
自治体再構築の市民戦略
松下圭一　900円

No.101
維持可能な社会と自治
～『公害』から『地球環境』へ
宮本憲一　900円

No.102
道州制の論点と北海道
佐藤克廣　1,000円

No.103
自治体基本条例の理論と方法
神原勝　1,100円

No.104
働き方で地域を変える
～フィンランド福祉国家の取り組み
山田眞知子　800円

No.107
公共をめぐる攻防
～市民的公共性を考える
樽見弘紀　600円

No.108
三位一体改革と自治体財政
岡本全勝・山本邦彦・北良治・逢坂誠二・川村喜芳　1,000円

No.109
連合自治の可能性を求めて
サマーセミナーin奈井江
松岡市郎・堀則文・三本英司・佐藤克廣・砂川敏文・北良治　他
1,000円

No.110
「市町村合併」の次は「道州制」か
高橋彦芳・北良治・脇紀美夫・碓井直樹・森啓　1,000円

No.111
コミュニティビジネスと建設帰農
松本懿・佐藤吉彦・橋場利夫・山北博明・飯野政一・神原勝
1,000円

No.112
「小さな政府」論とはなにか
牧野富夫　700円

No.113
栗山町発・議会基本条例
橋場利勝・神原勝　1,200円

No.114
北海道の先進事例に学ぶ
宮谷内留雄・安斎保・見野全・佐藤克廣・神原勝　1,000円

No.115
地方分権改革のみちすじ
—自由度の拡大と所掌事務の拡大—
西尾勝　1,200円

地方自治ジャーナルブックレット

No.3
使い捨ての熱帯林
熱帯雨林保護法律家リーグ　971円

No.4
自治体職員世直し志士論
村瀬誠　971円

No.8
市民的公共性と自治
今井照　1,166円［品切れ］

No.9
ボランティアを始める前に
佐野章二　777円

No.10
自治体職員の能力
自治体職員能力研究会　971円

No.11
パブリックアートは幸せか
山岡義典　1,166円

No.12
市民がになう自治体公務
パートタイム公務員論研究会
1,359円

No.13
行政改革を考える
山梨学院大学行政研究センター
1,166円

No.14
上流文化圏からの挑戦
山梨学院大学行政研究センター
1,166円

No.15
市民自治と直接民主制
高寄昇三　951円

No.16
議会と議員立法
上田章・五十嵐敬喜　1,600円

No.17
分権段階の自治体と政策法務
松下圭一他　1,456円

No.18
地方分権と補助金改革
高寄昇三　1,200円

No.19
分権化時代の広域行政
山梨学院大学行政研究センター
1,200円

No.20
あなたのまちの学級編成と地方分権
田嶋義介　1,200円

No.21
自治体も倒産する
加藤良重　1,000円

No.22
ボランティア活動の進展と自治体の役割
山梨学院大学行政研究センター
1,200円

No.23
新版・2時間で学べる「介護保険」
加藤良重　800円

No.24
男女平等社会の実現と自治体の役割
山梨学院大学行政研究センター
1,200円

No.25
市民がつくる東京の環境・公害条例
市民案をつくる会　1,000円

No.26
東京都の「外形標準課税」はなぜ正当なのか
青木宗明・神田誠司　1,000円

No.27
少子高齢化社会における福祉のあり方
山梨学院大学行政研究センター
1,200円

No.28
財政再建団体
橋本行史　1,000円［品切れ］

No.29
交付税の解体と再編成
高寄昇三　1,000円

No.30
町村議会の活性化
山梨学院大学行政研究センター
1,200円

No.31
地方分権と法定外税
外川伸一　800円

No.32
東京都銀行税判決と課税自主権
高寄昇三　1,000円

No.33
都市型社会と防衛論争
松下圭一　900円

No.34
中心市街地の活性化に向けて
山梨学院大学行政研究センター
1,200円

No.35
自治体企業会計導入の戦略
高寄昇三　1,100円

No.36
行政基本条例の理論と実際
神原勝・佐藤克廣・辻道雅宣
1,100円

No.37
市民文化と自治体文化戦略
松下圭一　800円

No.38
まちづくりの新たな潮流
山梨学院大学行政研究センター
1,200円

No.39
ディスカッション・三重の改革
中村征之・大森彌　1,200円

No.40
政務調査費
宮沢昭夫　1,200円

No.41
市民自治の制度開発の課題
山梨学院大学行政研究センター
1,100円

No.42
《改訂版》自治体破たん・「夕張ショック」の本質
橋本行史　1,200円

No.43
分権改革と政治改革
～自分史として
西尾勝　1,200円

No.44
自治体人材育成の着眼点
浦野秀一・井澤壽美子・野田邦弘・西村浩・三関浩司・杉谷知也・坂口正治・田中富雄　1,200円

No.45
障害年金と人権
―代替的紛争解決制度と大学・専門集団の役割―
橋本宏子・森田明・湯浅和恵・池原毅和・青木久馬・澤静子・佐々木久美子　1,400円

No.46
地方財政健全化法で財政破綻は阻止できるか
夕張・篠山市の財政運営責任を追及する
高寄昇三　1,200円

No.47
地方政府と政策法務
市民・自治体職員のための基本テキスト
加藤良重　1,200円

No.48
政策財務と地方政府
市民・自治体職員のための基本テキスト
加藤良重　1,400円

No.49
政令指定都市がめざすもの
高寄昇三　1,400円

No.50
良心的裁判員拒否と責任ある参加
～市民社会の中の裁判員制度～
大城聡　1,000円

No.51
討議する議会
～自治のための議会学の構築をめざして～
江藤俊昭　1,200円

朝日カルチャーセンター 地方自治講座ブックレット

No.1
自治体経営と政策評価
山本清　1,000円

No.2
ガバメント・ガバナンスと行政評価システム
星野芳昭　1,000円

No.4
政策法務は地方自治の柱づくり
辻山幸宣　1,000円

No.5
政策法務がゆく
北村喜宣　1,000円

政策・法務基礎シリーズ
―東京都市町村職員研修所編

No.1
これだけは知っておきたい
自治立法の基礎
600円

No.2
これだけは知っておきたい
政策法務の基礎
800円

シリーズ「生存科学」
（東京農工大学生存科学研究拠点 企画・編集）

No.2
再生可能エネルギーで地域がかがやく
―地産地消型エネルギー技術―
秋澤淳・長坂研・堀尾正靱・小林久
1,100円

No.4
地域の生存と社会的企業
―イギリスと日本との比較をとおして―
柏雅之・白石克孝・重藤さわ子
1,200円

No.5
地域の生存と農業知財
澁澤栄・福井隆・正林真之
1,000円

No.6
風の人・土の人
―地域の生存とNPO―
千賀裕太郎・白石克孝・柏雅之・福井隆・飯島博・曽根原久司・関原剛
1,400円

自治体再構築

松下圭一（法政大学名誉教授）　定価 2,800 円

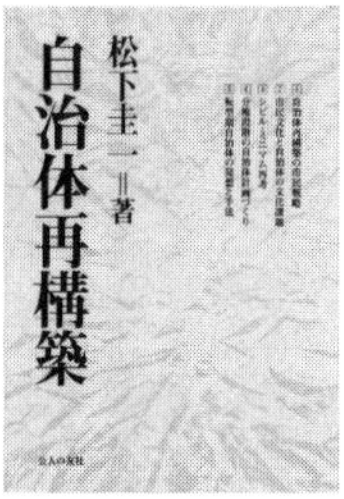

●官治・集権から自治・分権への転型期にたつ日本は、政治・経済・文化そして軍事の分権化・国際化という今日の普遍課題を解決しないかぎり、閉鎖性をもった中進国状況のまま、財政破綻、さらに「高齢化」「人口減」とあいまって、自治・分権を成熟させる開放型の先進国状況に飛躍できず、衰退していくであろう。

●この転型期における「自治体改革」としての〈自治体再構築〉をめぐる 2000 年～ 2004 年までの講演ブックレットの 総集版。

1　自治体再構築の市民戦略
2　市民文化と自治体の文化戦略
3　シビル・ミニマム再考
4　分権段階の自治体計画づくり
5　転型期自治体の発想と手法

社会教育の終焉［新版］

松下圭一（法政大学名誉教授）　定価 2,625 円

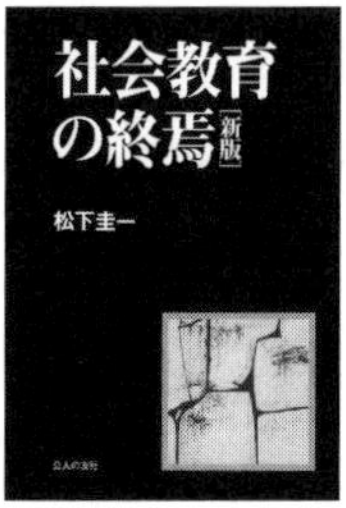

●86年の出版時に社会教育関係者に厳しい衝撃を与えた幻の名著の復刻・新版。

●日本の市民には、〈市民自治〉を起点に分権化・国際化をめぐり、政治・行政、経済・財政ついで文化・理論を官治・集権型から自治・分権型への再構築をなしえるか、が今日あらためて問われている。

序章　日本型教育発想
Ⅰ　公民館をどう考えるか
Ⅱ　社会教育行政の位置
Ⅲ　社会教育行政の問題性
Ⅳ　自由な市民文化活動
終章　市民文化の形成　　あとがき　　新版付記

増補 自治・議会基本条例論　自治体運営の先端を拓く

神原　勝（北海学園大学教授・北海道大学名誉教授）　定価 2,625 円

生ける基本条例で「自律自治体」を創る。その理論と方法を詳細に説き明かす。7 年の試行を経て、いま自治体基本条例は第 2 ステージに進化。めざす理想型、総合自治基本条例＝基本条例＋関連条例

プロローグ
Ⅰ　自治の経験と基本条例の展望
Ⅱ　自治基本条例の理論と方法
Ⅲ　議会基本条例の意義と展望
エピローグ
条例集
1　ニセコ町まちづくり基本条例
2　多治見市市政基本条例
3　栗山町議会基本条例

自律自治体の形成　すべては財政危機との闘いからはじまった

西寺雅也（前・岐阜県多治見市長）　四六判・282頁　定価2,730円

ISBN978-4-87555-530-8 C3030

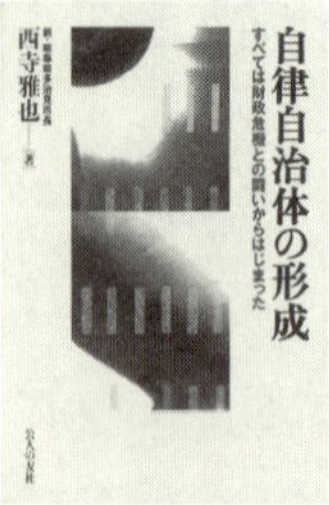

多治見市が作り上げたシステムは、おそらく完結性という点からいえば他に類のないシステムである、と自負している。そのシステムの全貌をこの本から読み取っていただければ、幸いである。
（「あとがき」より）

Ⅰ　すべては財政危機との闘いからはじまった
Ⅱ　市政改革の土台としての情報公開・市民参加・政策開発
Ⅲ　総合計画（政策）主導による行政経営
Ⅳ　行政改革から「行政の改革」へ
Ⅴ　人事制度改革
Ⅵ　市政基本条例
終章　自立・自律した地方政府をめざして
資料・多治見市市政基本条例

フィンランドを世界一に導いた100の社会政策

フィンランドのソーシャル・イノベーション

イルッカ・タイパレ - 編著　山田眞知子 - 訳者

A5判・306頁　定価2,940円　ISBN978-4-87555-531-5 C3030

フィンランドの強い競争力と高い生活水準は、個人の努力と自己開発を動機づけ、同時に公的な支援も提供する、北欧型福祉社会に基づいています。民主主義、人権に対する敬意、憲法国家の原則と優れた政治が社会の堅固な基盤です。

・・・・この本の100余りの論文は、多様でかつ興味深いソーシャルイノベーションを紹介しています。‥フィンランド社会とそのあり方を照らし出しているので、私は、読者の方がこの本から、どこにおいても応用できるようなアイディアを見つけられると信じます。
（刊行によせて - フィンランド共和国大統領　タルヤ・ハロネン）

公共経営入門　―公共領域のマネジメントとガバナンス

トニー・ボベール／エルク・ラフラー - 編著　みえガバナンス研究会 - 翻訳

A5判・250頁　定価2,625円　ISBN978-4-87555-533-9 C3030

本書は、大きく３部で構成されている。まず第１部では、ＮＰＭといわれる第一世代の行革から、多様な主体のネットワークによるガバナンスまで、行政改革の国際的な潮流について概観している。第２部では、行政分野のマネジメントについて考察している。………本書では、行政と企業との違いを踏まえた上で、民間企業で発展した戦略経営やマーケティングをどう行政経営に応用したらよいのかを述べている。第３部では、最近盛んになった公共領域についてのガバナンス論についてくわしく解説した上で、ガバナンスを重視する立場からは地域社会や市民とどう関わっていったらよいのかなどについて述べている。　（「訳者まえがき」より）

「自治体憲法」創出の地平と課題
―上越市における自治基本条例の制定事例を中心に―

石平春彦（新潟県・上越市議会議員）　A５判・208頁　定価2,100円

ISBN978-4-87555-542-1 C3030

「上越市基本条例」の制定過程で、何が問題になりそれをどのように解決してきたのか。ひとつひとつの課題を丁寧に整理し記録。
現在「自治基本条例」制定に取り組んでいる方々はもちろん、これから取り組もうとしている方々のための必読・必携の書。

はじめに
Ⅰ　全国の自治基本条例制定の動向
Ⅱ　上越市における自治基本条例の制定過程
Ⅲ　上越市における前史＝先行制度導入の取組
Ⅳ　上越市自治基本条例の理念と特徴
Ⅴ　市民自治のさらなる深化と拡充に向けて

自治体政府の福祉政策

加藤　良重著　A5判・238頁　定価2,625円　ISBN978-4-87555-541-4 C3030

本書では、政府としての自治体（自治体政府）の位置・役割を確認し、福祉をめぐる環境の変化を整理し、政策・計画と法務・財務の意義をあきらかにして、自治体とくに基礎自治体の福祉政策・制度とこれに関連する国の政策・制度についてできるかぎり解りやすくのべ、問題点・課題の指摘と改革の提起もおこなった。

第１章　自治体政府と福祉環境の変化　第２章　自治体計画と福祉政策
第３章　高齢者福祉政策　第４章　子ども家庭福祉政策
第５章　障害者福祉政策　第６章　生活困窮者福祉政策
第７章　保健医療政策　第８章　福祉の担い手
第９章　福祉教育と福祉文化　＜資料編＞

鴎外は何故袴をはいて死んだのか

志田　信男著　四六判・250頁　定価2,625円　ISBN978-4-87555-540-7 C0020

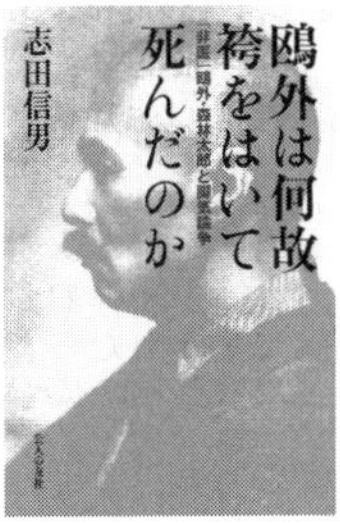

「医」は「医学」に優先し、「患者を救わん」（養生訓）ことを第一義とするテクネー（技術）なのである！

陸軍軍医中枢部の権力的エリート軍医**「鴎外」は**「脚気病原菌説」に固執して、日清・日露戦役で３万数千人の脚気による戦病死者を出してしまう！
そして手の込んだ謎の遺書を残し、袴をはいたまま死んだ。何故か！？
その遺書と行為に込められたメッセージを今解明する。

大正地方財政史・上下巻

高寄昇三（甲南大学名誉教授）　Ａ５判・上 282 頁、下 222 頁　各定価 5,250 円
（上）ISBN978-4-87555-530-8 C3030　（下）ISBN978-4-87555-530-8 C3030

大正期の地方財政は、大正デモクラシーのうねりに呼応して、中央統制の厚い壁を打ち崩す。義務教育費国庫負担制の創設、地方税制限法の大幅緩和、政府資金の地方還元など、地方財源・資金の獲得に成功する。しかし、地租委譲の挫折、土地増価税の失敗、大蔵省預金部改革の空転など、多くが未完の改革として、残された。政党政治のもとで、大正期の地方自治体は、どう地域開発、都市計画、社会事業に対応していったか、また、関東大震災復興は、地方財政からみてどう評価すべきかを論及する。

（上巻）1 大正デモクラシーと地方財政　2 地方税改革と税源委譲
　3 教育国庫負担金と町村財政救済　4 地方債資金と地方還元
（下巻）1 地方財政運営と改革課題　2 府県町村財政と地域再生
　3 都市財政運用と政策課題

私たちの世界遺産 1　持続可能な美しい地域づくり

世界遺産フォーラム in 高野山

五十嵐敬喜・アレックス・カー・西村幸夫　編著
A5 判・306 頁　定価 2,940 円　ISBN978-4-87555-512--4 C0036

世界遺産は、世界中の多くの人が「価値」があると認めたという一点で、それぞれの町づくりの大きな目標になるのである。それでは世界遺産は実際どうなっているのか。これを今までのように「文化庁」や「担当者」の側からではなく、国民の側から点検したい。
　本書は、こういう意図から 2007 年 1 月に世界遺産の町「高野山」で開かれた市民シンポジウムの記録である。　（「はじめに」より）

何故、今「世界遺産」なのか　五十嵐敬喜
美しい日本の残像　world heritage としての高野山　アレックス・カー
世界遺産検証　世界遺産の意味と今後の発展方向　西村幸夫

私たちの世界遺産 2　地域価値の普遍性とは

世界遺産フォーラム in 福山

五十嵐敬喜・西村幸夫　編著
A5 判・250 頁　定価 2,625 円　ISBN978-4-87555-533-9 C3030

　本書は、大きく３部で構成されている。まず第１部では、ＮＰＭといわれる第一世代の行革から、多様な主体のネットワークによるガバナンスまで、行政改革の国際的な潮流について概観している。第２部では、行政分野のマネジメントについて考察している。………本書では、行政と企業との違いを踏まえた上で、民間企業で発展した戦略経営やマーケティングをどう行政経営に応用したらよいのかを述べている。第３部では、最近盛んになった公共領域についてのガバナンス論についてくわしく解説した上で、ガバナンスを重視する立場からは地域社会や市民とどう関わっていったらよいのかなどについて述べている。　　（「訳者まえがき」より）